맛있어도 문닫는 가게
맛없어도 줄서는 가게

맛있어도 문닫는 가게
맛없어도 줄서는 가게

초판 1쇄 인쇄 2024년 11월 11일
초판 1쇄 발행 2024년 11월 18일

지은이　　　배문진
펴낸이　　　이종두
펴낸곳　　　(주)새로운 제안

책임편집　　엄진영
본문디자인　프롬디자인
표지디자인　프롬디자인
영업　　　　문성빈, 김남권, 조용훈
경영지원　　이정민, 김효선

주소　　　　경기도 부천시 조마루로385번길 122 삼보테크노타워 2002호
홈페이지　　www.jean.co.kr
쇼핑몰　　　www.baek2.kr(백두도서쇼핑몰)
SNS　　　　인스타그램(@newjeanbook), 페이스북(@srwjean)
이메일　　　newjeanbook@naver.com
전화　　　　032) 719-8041
팩스　　　　032) 719-8042
등록　　　　2005년 12월 22일 제386-3010000251002005000320호
ISBN　　　　978-89-5533-660-3 (13320)

맛있어도 문닫는 가게

자영업자를 위한
브랜딩과 마케팅

배문진 지음

맛없어도 줄서는 가게

새로운제안

동네 작은 매장이
정말 브랜드가 될 수 있을까

"개인사업자도 브랜드가 되어야 한다"

1명이든, 10명이든, 100명이든 사람들이 모이는 자리에 가면 항상 하는 이야기다. 월 정기세미나 3년, 개별상담, 연평균 10개의 브랜드 기획, 지자체 컨설팅사업, 박람회 강의, 유튜브를 통해 지난 3년간 필자에게 이 말을 들은 사람들만 해도 어림잡아 수천 명이 된다.

핵심 내용은 오로지 한 가지다.

"사업을 한다면 브랜딩을 해라"

"브랜딩 그거 돈 드는 거 아니에요?"

"디자인하고 인테리어하고 마케팅하고 다 돈으로 하는 거 아니에요?"

"나 같은 개인사업자는 못해요"

라는 답이 대부분이지만 이 말은 반은 맞고 반은 틀리다. 돈이 많으면 브랜딩을 하는 것이 확실히 유리하다. 반대로 이야기해 보자. 돈 없으면 안 할 건가?

안 하면 죽는다. 극단적인 게 아니라 현실이다. 의식을 하든, 하지 않든 우리는 브랜드 홍수에 휩싸여 생활하고 있다. 외식업은 물론 의류, 통신, 금융, 관광 모든 산업에 걸쳐서 브랜드가 아닌 걸 찾기가 어려울 정도다.

스마트폰 하면 연상되는 브랜드는 뭐가 있을까? 아이폰, 갤럭시가 떠오른다.

유행을 타지 않는 가장 대중적인 옷 브랜드는? 유니클로

햄버거 하면 생각나는 브랜드? 맥도날드

커피는? 스타벅스

브랜딩의 중요성을 알리고자 이런 큰 회사들의 예를 들어 설

명하면 '생각나는 브랜드는 전부 대기업이다.', 역시 브랜딩이란 큰 회사들이 돈으로 멋있는 로고를 만들고 수십억씩 투자하여 개인사업자는 따라 하지 못할 정도의 인테리어와 마케팅을 하는 것이라고 생각해서 지레 겁을 먹는다. 하지만 좋은 소식이 있다. 다행히 작은 사업장도 브랜딩을 할 수 있다. 필자가 하는 일이 그것이다. 브랜드를 만드는 일!

이 책에서는 말만 하면 다 아는 큰 회사들이나 브랜딩 관련 책들에 단골로 등장하는 맥도날드, 애플, 테슬라같은 대기업의 사례는 최소화했다. 대신 작은 개인 사업장의 브랜딩 성공 사례를 중점적으로 소개할 것이다.

고깃집의 격전지인 강남 한복판에서 연탄구이로 살아남은 곳, 가성비로 유명한 배달 전문 족발집에서 프리미엄 파인다이닝 족발로 변화된 곳, 월 매출 5,000만 원을 올리지만 마진율이 10%도 안되는 고기 프랜차이즈에서 같은 매출로 3배의 수익률을 올리는 고깃집으로 변신에 성공한 곳, 홍대 메인 상권의 스테이크 전문점에서 감자탕집으로 변신하여 매출이 3배로 뛴 사례 외에 직접 기획한 곳들 위주로 소개하며 작은 사업장이 브랜딩으로 자리 잡은 곳들을 구석구석 보여줄 것이다. 그리고 한 걸음

맛있어도 문닫는 가게 맛없어도 줄서는 가게

더 나아가 자영업자라면 모두 궁금해 하는 마케팅에 대해 이야기 할 것이다. 이 역시 돈으로 도배하는 방식이 아닌 자영업자가 실제로 해야만 하는 방법에 대해 이야기할 것이다.

음식을 맛있게 만들면 손님이 알아서 찾아오는 시대는 이미 막을 내렸다. 규모가 크든, 작든 상관없다. 이 책을 내비게이션 삼아 주먹구구식의 사업이 아닌 엄연한 나만의 브랜드로 성장하길 바란다. 돈 안들이고 브랜딩할 수 있다. 그게 이 책을 쓰게 된 이유이다.

2장 | 당신의 가게를 브랜드로 만드는 전략
브랜딩을 위한 차별화 전략 세우기

3장 | 자영업자 마케팅의 모든 것

4장

장기적 브랜드 성장을 위한 계획

1

장

브랜딩의 힘
이해하기

죽어라 장사하는데
왜 안될까?

600만 명에 달하는 대한민국 자영업자의 하루 평균 근로시간은 9.8 시간이라고 한다. 하지만 이중 대다수의 자영업자가 종사하는 숙박, 음식점업의 경우 일평균 11.5 시간 근무를 하고 있으며 휴무는 월 2회 미만이다. 하루 8 시간, 주 2회 휴무로 정해진 근로기준법을 훨씬 상회하는 시간을 노동에 쓰고 있으며 대부분의 개인사업자들은 개인의 삶을 포기해가며 말 그대로 죽어라 노력하고 장사를 한다. 그렇다면 이러한 노력의 보상을 제대로 받고 있을까? 불행히도 그렇지 않다.

일자리 앱 '벼룩시장'이 시행한 '자영업 경영환경 조사'에 따르

맛있어도 문닫는 가게 맛없어도 줄서는 가게

면 자영업자 10명중 9명(91.2%)은 2024년 1분기 매출이 전년 동기와 비슷하거나 감소했다고 하며 매출 감소율은 평균 23.7%로 조사되었다.

실제로 직접 만나본 대다수의 사장님들도 마찬가지이다. 아침 일찍 사업장으로 출근해서 최대한 좋은 재료로 정성들여 상품을 만들어 고객에게 판매하고 몸이 부서져라 휴일도 제대로 없이 일하지만 실제로 돈을 번다고 하는 사람들은 소수이다. 뭔가 억울하다. 근면성실하고 정직하게 핑계대지 않고 부지런히 일하면 돈을 번다고 배웠는데 그게 아니다.

"경기가 너무 안 좋아서 길에 지나가는 사람들이 없어요"
"우리집 음식은 맛있고 손님들이 좋아하는데 마케팅이 부족해서 장사가 안되는 것 같아요"
"시그니처 메뉴 하나만 있으면 손님을 끌어당길 수 있을 것 같아요"
"요즘 트랜드를 따라가지 못해서 손님들을 놓치는 것 같아요"

이런 이야기들뿐이다. 마케팅이 부족해서, 사람들 눈길을 끌 수 있는 아이템, 시그니처 메뉴가 없어서, 트랜드에 뒤쳐져서 장사가 안된다고 한다. 이것들만 갖춰지면 장사가 잘될 거라고 착각을 한다. 절대 그렇지 않다. 제대로 된 원인 파악이 없다면 아이템이든, 마케팅이든 아무런 소용이 없다. 그렇다면 누구보다 열심히 노력하는 데 장사가 안되는 이유들을 살펴보자.

모든 아이템이 포화인 시장

2024년 기준으로, 한국의 자영업자는 전체 취업자의 약 20%를 차지한다. 이는 OECD 평균인 15%보다 훨씬 높은 수치이다. 현존하는 거의 모든 아이템이 포화 상태에 도달했는데 이는 여러 가지 이유로 설명될 수 있다. 먼저 한국 경제의 구조적 문제가 있는데 1980년대 이후 민주화와 함께 급격한 경제 발전 과정 중에 자영업 비중이 가파르게 증가했다. 이는 한동안 경제 성장을 촉진하는 역할을 했지만 여러 가지 이유로 자영업자의 수가 과도하게 많아지면서 시장에서 자영업자간의 경쟁이 자연스럽게 심해져 자영업이 포화상태에 이르게 되었다. 한집 걸러 한집이 카페고 치킨집이란 말이 과장이 아닌 건 누구나 알고 있지 않은가?

맛있어도 문닫는 가게 맛없어도 줄서는 가게

이뿐이 아니다. 자영업자들의 경쟁만으로도 버거운 상황에서 막대한 자본을 갖춘 대기업이 기존 자영업 시장에 뛰어들어 시장을 장악하고 분야를 가리지 않는 대형 프랜차이즈들까지 우후죽순 생겨났다. 그로인해 많은 자영업자들은 다윗과 골리앗의 싸움을 하고 있는 상황이다.

대형 프랜차이즈와 대기업은 자본과 마케팅 능력에서 자영업자들과 비교할 수 없을 정도로 유리한 위치에 있다. 인지도 있는 연예인이나 스포츠 스타, 인플루언서같은 유명인들이 광고를 하고 경품으로 해외여행을 보내주기도 하며 통신사와의 제휴로 다양한 할인 혜택을 제공하기도 한다. 당연히 소비자 입장에서는 대기업과 프랜차이즈를 더 선호하게 될 수밖에 없는 상황이다.

이러한 상황에서 자영업자들이 할 수 있는 일은 한정적이다. 기업들에 비해 상대적으로 낮은 가격과 차별화된 서비스를 제공해야 겨우 살아남을 수 있지만 하루하루 버티며 살아가야 하는 입장에서는 현실적으로 어려운 상황이다.

멘탈 단속의 부재

음식점을 한다고 가정을 해보자. 음식점 사장님들의 경우 '음식' 자체에 대부분의 신경과 노력을 기울이는 경우를 많이 접하게 된다. 음식점 장사이니 음식을 맛있게 만들면 손님이 온다고 믿고, 음식에만 집중을 한다. 틀린 말은 아니다. 음식점에 음식이 맛있어야 손님이 오는건 당연한 거 아닌가? 맞다. 하지만 과연 음식 맛이 훌륭하다고 장사가 잘될까? 누구나 한 번쯤은 봤을 현재는 종영된 백종원의 골목식당이라는 TV 프로그램을 보면 누구보다 음식을 맛있게 정성들여 만들지만 매출이 저조한 곳들을 심심찮게 볼 수 있었다.

· 43년간 냉면만 만들고 맛은 최고라고 평가받은 냉면 장인
· 골목식당 최고의 아웃풋으로 평가받는 연돈 돈가스
· 호텔 일식 셰프 출신의 둔촌동 초밥집

이곳들은 현재 사람들이 줄을 서는 맛집으로 성공적으로 변신했지만 방송 전에는 맛에 대한 평가를 제대로 받을 기회조차 없었다. 만약 장사에 맛이 전부였다면 진작에 이 집들은 손님들이 줄을 서는 매장이 되었어야 한다. 하지만 골목식당 방영 전

맛있어도 문닫는 가게 맛없어도 줄서는 가게

이 3곳은 폐업을 고민할 정도의 상태로 사장님들 모두 속된 말로 멘탈이 나가 있었다.

다른 상황을 한번 보자.

아들, 딸뻘 되는 손님들이 와서 거들먹거리며 이것저것 클레임을 거는 경우가 허다하다. 음식 맛이 왜 이러냐며, 서비스가 별로라고, 사장 불러달라며, 술먹고 진상짓을 한다. 반말도 섞어가며 은근히 기분 나쁘게 만든다. 이것뿐일까? 직원 관리, 돈 관리, 하루가 멀다하고 생기는 문제들로 인하여 스트레스란 스트레스는 다 얻게 된다. 문제는 이게 쌓이다 보면 본인도 모르게 표정으로, 말투로, 행동으로 표현이 된다. 그리고 그게 손님에게 표출된다. 어쩔 수 없다 해도 표출된다. 이런 상황에서 장사가 잘될 수 있을까?

이처럼 자영업에 종사한다는 것은 내가 컨트롤할 수 없는 수많은 상황과 환경의 변화 속에서 오는 스트레스와 멘탈 붕괴를 동반하는 사업이라는 것을 이해해야 한다. 간혹 '매장 → 집 → 매장 → 집'을 반복하는 사장님들을 만나게 되는 경우가 있는데 이런 경우일수록 스트레스에 더욱 취약하다.

잘 노는 사람이 일도 잘한다는 말이 있듯이, 장사를 잘하는 사람 중 대다수는 잘 쉬고 잘 노는 사람들인 경우가 많다. 결국엔 사업도 삶의 일부분이다. 제발 사업을 삶 자체로 여기지 않기를 바란다. 필자도 일에 치여 1년 365일을 허덕이며 살아간다. 하지만 일주일에 최소 하루에서 이틀은 일과 관련된 어떤 전화도 받지 않고 일과 관련된 생각도 일절 하지 않으려고 노력하며 가족들과 온전한 시간을 보낸다.

　늦잠도 자고, 운동도 하고, 쇼핑도 하고, 책도 본다. "하루 쉬면 매출이 얼만데?", "한 푼이 아쉬운데 어떻게 쉬어?"라고 반문하는 분들이 분명히 있을 것이다. 하지만 큰 업적을 이룬 많은 사람들도 같은 주장을 한다. 노벨문학상 수상자인 조지 버나드 쇼의 "휴식은 게으름이 아니라, 생산성을 높이기 위한 필수 요소다."라고 한말을 꼭 기억했으면 한다. 이처럼 사람은 누구나 스트레스를 받는다. 스트레스를 받는 것이 사업상 어쩔 수 없다 해도 적절한 휴식을 통해 스트레스를 잘 관리할 수 있는 능력은 필수다. 음식이 맛있어도 '멘탈관리'가 안되서 장사를 망치는 경우를 수도 없이 봐왔기 때문이다.

자뻑에 빠지는 자영업자

외식업을 시작하거나 운영할 때 빠지는 큰 착각 중의 하나는 내 음식이나 아이템이 특별하다는 착각이다. 비단 외식업뿐만 아니라 다른 사업의 경우도 마찬가지이다. 내 사업이 경쟁 업체보다 특별하다고 생각하는 경우는 많지만 사업주의 믿음과는 달리 실제로 아이템이 특별한 경우는 거의 없다.

베스트셀러 넛지Nudge의 작가인 하버드 법학 대학원의 캐스 선스타인 교수는 "사람들은 자신의 견해에 스스로를 가두는 상황으로 빠르게 변하고 있다"라고 언급했다. 쉽게 이야기해서 자신이 옳다고 믿는 방향으로 생각하다보면 때로는 스스로에 대한 객관적 평가가 어려울 때가 많다는 뜻이다. 실제로는 전혀 특별할 것 없는 사업 아이템임에도 불구하고 스스로 투자한 물리적, 시간적 비용과 노력으로 인해 사업이 특별하다고 믿고 사업을 하는 경우가 대한민국 자영업 시장에서는 비일비재하다.

사업을 할 때 (개인의 믿음을 바탕으로 한) 어느 정도의 뚝심은 필요하지만 가끔은 내 사업에 대한 객관적 의견이라면 듣기 싫은 타인의 조언이라도 받아드릴 수 있는 유연함을 가져야 한다. 하지만 고집과 뚝심을 혼돈하여 사업이 어려움에 빠지는 경우들을 볼 수 있다. 내 아이템과 실력은 생각보다 뛰어나지 않은 경우가 대부분이며 내가 틀릴 수 있음을 인정하고 타인의 의견을 듣고 변화할 수 있는 유연함이 있어야 한다. 하지만 자기 사업에 확신이 강할수록 고집이 세고 변화의 필요성을 받아들이지 못한다. 이걸 자각하지 못한다면 아무리 열심히 해도 잘못된 열심일 수밖에 없다. 준비는 충실히 하되 만족하지 않고 객관적인 판단을 갖추어야 한다. 자빽은 어느 정도 성공을 이룬 다음에도 늦지 않다.

남들보다 지나치게 앞서가려는 욕심

대한민국 외식업의 경우 수십 년 전부터 일본의 것을 벤치마킹한 사례들을 쉽게 접할 수 있다. 하지만 문화와 시대의 흐름을 고려하지 않고 무작정 벤치마킹하여 실패한 경우 또한 수도 없다. 예를 하나 들어보자.

일본은 예전부터 음식점의 주문 자판기 문화가 널리 퍼져 있다. 우리나라에서 '키오스크'라는 단어가 쓰이기 훨씬 전부터 무인자판기가 당연시 여겨졌던 일본에서는 라멘집을 시작으로 초

맛있어도 문닫는 가게 맛없어도 줄서는 가게

밥집, 카페까지도 매장 내의 주문 자판기가 대중적으로 자리잡았다. 지금은 대한민국 어딜가나 키오스크를 볼 수 있지만 불과 5~6년 전만 해도 대중들의 거부감이 컸던 것이 사실이다. 실제로 국내 유명 국수 프랜차이즈에서 2006년에 시대를 앞서서 키오스크를 선보였지만 시장의 반응은 싸늘했었다.

이해를 돕기 위해 키오스크 도입의 사례를 설명하긴 했지만 이렇듯 주위에서도 비슷한 경우들을 흔히 접하게 된다. 사업을 하려 할 때 무엇인가는 남들과는 전혀 다른 새로운 것을 만들어서 차별화해야 한다는 생각을 가지고 대중화되지 않은 아이템을 급하게 사업화하는 경우가 많다. 하지만 정작 지나치게 앞서가는 아이디어는 성공하지 못하는 경우가 대부분이다. 앞서가더라도 아주 조금만 앞서가는 것이 오히려 차별화되는 길이다.

아주 조금만 앞서간다는 의미는 무엇일까?

한때 어딜가나 볼 수 있었던 먹물핫도그로 유행을 탔던 M 핫도그 브랜드는 일반 핫도그와 크게 다를 게 없었다. 차이점이라면 일반 핫도그라는 틀은 그대로 두고 소시지 대신 치즈를 넣거나 고객이 직접 다양한 소스와 설탕을 뿌려먹게 하거나, 핫도그 반죽을 일반적인 핫도그와 다르게 하거나 (오징어먹물 반죽) 정도로 딱! 반보만 앞서서 사람들에게 새로운 선택을 주었다. 전혀 새로운 음식을 만들어 낸 것이 아니라 누구나 알고 있는 대중적인 핫도그를 재료로 살짝만 앞서서 차별화를 준 것이다.

결국 대중에게 사랑받는 아이템은 90% 대중에게 익숙하고 친숙한 아이템에 어떻게 매력적으로 10%의 신선함을 만들어 내느냐의 싸움이다.

세계적인 히트 상품만을 연구하여 분석한 데릭톰슨의 베스트셀러 〈히트메이커스〉에서도 같은 주장을 하고 있다. 전 세계적으로 사람들에게 사랑받은 히트 상품의 성공 공식 중 하나로 "친숙한 무언가를 팔려면 놀랍게 만들어라. 반대로 놀라운 무언가를 팔려면 친숙하게 만들어라"라고 표현하며 차별화의 범위가 '친숙한 범위'에서 벗어나면 안된다고 이야기 한다. 흔히 동네에서 소문난 대박 맛집이나 시장에서 잘 팔리고 사람들이 열광하는 상품이나 브랜드를 보면서 '이건 완전히 새롭다'라고 느끼는 경우가 많을까? 아니면 '이 쉬운 걸 내가 왜 생각 못했지?'라고 생각하는 경우가 많을까? 후자가 압도적으로 많을 것이다.

영선반보領先半步란 말이 있다. 중학교만 간신히 졸업했지만

13조 5400억 원의 자산을 보유하고 있는 중국 와하하그룹의 쭝칭허가 즐겨쓰는 말인 영선반보는 성공하려면 많이 앞서면 안 되고 딱 반보만 앞서가야 한다라는 뜻이다. 사업을 성공시키기 위해 죽어라 노력하지만 사업 성장이 더딘 경우 실패를 용납하지않고 완벽하게 너무 잘하려고 하거나 경쟁 업체보다 지나치게 앞서가려다 망하는 경우가 꽤 많이 있다.

대한민국에 카페가 10만 개가 넘게 운영되고 있는데 계속해서 새로운 카페가 생겨나는 이유는 그만큼 카페가 대중들에게 친숙하기 때문이다. 4만 개에 육박하는 치킨집도, 3만여 개의 매장이 있는 고깃집도 결국 친숙하기 때문에 계속 생겨나는 것이다. 카페골목에서 잘되는 카페, 곱창골목에서 1등 하는 곱창집, 회타운에서 1등하는 횟집, 그들을 자세히 보면 완전 새로운 것으로 차별화하는 경우는 거의 없다. 결국 전혀 새로운 무엇인가를 하려는 욕심을 내려놓고 친숙한 것을 어떻게 만들지를 고민해야 한다.

한방(Oneshot)주의

사업을 하는 사람 중 한방에 모든 걸 이룰 수 있는 획기적인 아이템을 찾아다니는 사람들이 의외로 많다. 하지만 어떠한 아이템이든 새로운 브랜드가 고객들에게 인정을 받기 위해선 단기간에는 성과가 이루어질 수 없다.

대한민국 외식사업 마이더스의 손 백종원대표의 사례를 보자. 이제는 어딜가나 볼 수 있는 저가 커피 빽다방이 처음 런칭된 후 6년간 적자였다는 사실을 아는 사람은 많지 않다. 같은 회사 브랜드인 새마을 식당은 2년반 적자, 홍콩반점 또한 2년간 적자였다고 한다. 누군가의 눈엔 획기적인 아이템과 브랜드 파워로 하루아침에 성장한 것처럼 보일 수 있지만 그러한 아이템은 없거나 간혹 있다 하더라도 단기적으로 반짝였다 사그러질 뿐이다.

하나의 아이템이 확실하다고 판단되면 고객과의 격차를 조금씩 줄여가면서 말 그대로 대중들에게 받아들여지기까지 꾸준히 시간을 투자해야 한다. 사업도 마찬가지고, 공부도 마찬가지고, 외식업도 마찬가지다. 혹시 내가 한방으로 사업을 역전시킬 마음가짐을 가지고 있는지 되돌아 볼 필요가 있다. 결국 사업은 장기적인 관점에서 꾸준히 관리하고 투자해야 결과를 낼 수 있다. 한방에 뜬 것처럼 보이는 사업일지라도 그 이면에 피나는 준비와 노력이 있다는 사실을 인지하고 사업을 진행해야 한다.

마케팅의 부재

오늘날 자영업자는 어디서 사업을 하든 어떠한 상품을 파는지 여부와는 관계없이 치열한 경쟁을 피할 수 없다. 자영업자들 간의 경쟁만으로도 버거운데 실상은 대기업, 대형 유통업체와 온라인 플랫폼의 성장 등은 자영업자에게 큰 짐으로 다가온다. 오래된 내공으로 실력을 갖추고 있고 나만의 차별화된 매력과 사람들이 좋아할 만한 상품을 가지고 있다 하더라도 그것이 제한된 예산과 자원으로 운영되는 사업이란 이유로 대중에게 노출될 기회도 받지 못한 채 시장에서 사라지는 경우가 비일비재하다.

큰 기업체의 경우·브랜드의 노출을 위해 막대한 돈을 쏟아부어 TV, 잡지, 인스타그램, 유튜브같은 다양한 온/오프라인 매체를 활용하여 마케팅을 실행하지만 정작 마케팅이 가장 필요한 자영업자의 경우 부족한 예산과 역량 부족 등의 문제로 마케팅을 제대로 수행하지 못하고 있다. 마케팅 예산을 책정하여 마케팅을 진행할 수 있는 경우라 하더라도 제대로 된 방법을 몰라 기업체들에서 진행하는 마케팅을 따라하는 경우 결국 카피 이상의 효과를 낼 수 없다. 또한 차선책으로 마케팅 대행사를 통해 마케팅을 맡기고 뒷짐 지는 것도 결국 돈낭비가 되는 경우가 허다하다. 결국 팔고자 하는 상품이 아무리 좋다고 하더라도 노출되지 못하면 상품으로써 인정 받지 못한다. 상품이 좋으면 팔린다라는 과거의 진리는 이제 거짓말이 되었다. 좋든 싫든 마케팅은 선택이 아닌 필수이다.

상품이 좋다고 백날 눈빛을 쏘아봐야 먼저 다가와줄 고객은 없다. 여기에 급변하는 소비 트랜드, 경제불황, 자영업자의 고령화 등 다양한 이유로 인해 투자하는 시간과 노동에 비해 많은 수익을 올리지 못하는 것이 대한민국 대다수 자영업의 현실이다. 하지만 환경에 관계없이 돈을 버는 사람들은 늘 존재해 왔다. 그리고 그 핵심에는 '브랜딩'이 있다. 사업이 크든 작든 규모와는 별개로 브랜딩이 필요하다. 그렇다면 자영업자에게 브랜딩이란 무엇인지? 브랜딩이 필요한 이유는 무엇인지 하나하나 알아보자.

자영업자에게
브랜딩이란 무엇인가?

불과 20 ~ 30여년 전만 해도 브랜드간의 경쟁이 지금처럼 심하지 않았다. 음식이 맛이 있으면, 옷의 원단이 좋으면, 가전제품의 성능이 좋다면 즉 판매하는 상품의 질quality이 높으면 브랜드의 인지도 또한 높일 수 있었다. 하지만 시대가 바뀌었다. 더이상 상품의 퀄리티가 브랜드의 인지도를 결정하지 않는다. 상품의 질은 사업을 하기 위해 꼭 갖추어야 할 기본적인 필수 조건일 뿐이다. 결국 브랜드의 인지도를 높이는 것은 보증된 상품 퀄리티 외에 고객들이 느끼고 만족할 만한 다양한 가치Value들에 의해 결정이 된다.

얼마 전 바리스타 강사를 하고 있는 한 후배가 커피전문점을 준비하고 있다며 조언을 구하고자 연락이 왔다. 후배에게 창업하고자 하는 카페의 경쟁력이 무엇이냐고 물으니 커피에 대한 전문성과 맛이라고 대답하기에 잠시도 지체하지 않고 "카페를 하지 않는 것이 좋겠다"고 조언을 했다. 커피의 전문성이 있는 바리스타 강사에게 커피전문점을 하지 말라고 한다면 도대체 누가 커피전문점을 해야 할까? 그런 의문이 든다면 카페 사업에 관련된 통계를 한번 들여다 볼 필요가 있다.

2023년 8월 기준 대한민국의 카페 매장은 96,300개에 달한다. 조만간 10만 개가 넘을 것이라고 전망하고 있다. 아무리 커피 전문가라도 커피를 (남들보다 뛰어나게) 맛있게 만들어 10만 개의 매장 중에 대중에게 특별하다고 느껴질 수 있는 브랜드를 만드는 건 로또 당첨만큼이나 어려울 수밖에 없다. 커피가 맛이 없다는 게 아니라 맛있는 커피가 너무 많다는 게 핵심이다. 이것이 비단 커피전문점만의 문제가 아니라 대한민국 자영업 시장은 모든 것이 너무 많아 넘쳐나는 상황이다. 아무리 좋은 것도 희소성이 없다면 상품으로서의 가치는 떨어질 수밖에 없다.

희소성과 가치에 관해 필자가 강의 중에 농담삼아 종종 이야

맛있어도 문닫는 가게 맛없어도 줄서는 가게

기 하는 '고등어 갈치 이론'이라는 것이 있다. 고등어와 갈치는 대한민국 국민이라면 누구나 좋아하는 국민 생선들이다. 그리고 개인적으로는 20대 중반에 고등어와 갈치 요리전문점을 다년간 운영한 경험이 있어 꽤 친숙한 생선들이다. 고등어와 갈치로 조림, 구이, 회 등을 요리해서 장사를 했고 매출도 나쁘지 않았다. 하지만 장사를 하면서 이해하기 어려운 것이 있었다. 분명 고등어가 갈치에 비해 생선살도 더 많고 먹기도 편리하고 기름도 풍부하여 맛도 더 있다고 생각했는데 갈치가 고등어 가격의 두 배가 넘는다는 사실이었다. 실제로 평소에 고등어 요리를 즐겨먹던 고객들 역시 특별한 날에는 갈치를 주문하는 비중이 높았다. 살도 별로 없고 먹기도 불편하고 상대적으로 덜 맛있는 음식을 두 배의 가격을 지불하고 사 먹는 현상을 이해할 수 없었지만, 이유는 간단했다. 바로 고등어가 갈치에 비해 더 많이 잡히기 때문이다.

시기별로 다소 차이는 있지만 해양수산부에서 공개하는 어종별생산동향표에 따르면 거의 매해 고등어가 갈치에 비해 2~3배 많은 양이 잡힌다. 갈치가 고등어에 비해 더 희소하기 때문에 가치가 있다고 판단하는 것이다. 갈치는 먹을 수라도 있지 아무런 가치가 없는 돌덩이에 불과하지만 희소하다는 이유만으로 보석

31

이라는 이름을 붙여 엄청난 가격이 매겨지는 것들을 수도 없이 볼 수 있다. 이처럼 상품의 퀄리티는 가격 결정에 아무런 영향을 주지 못한다. 특히나 요즘같이 모든 것이 넘쳐나는 공급과잉 시장에서는 더욱더 말이다. 상품 자체의 가치보다 희소성을 동반한 가치의 중요성이 필자가 이야기하는 '고등어 갈치 이론'의 핵심이다.

커피든, 음식이든 그것이 무엇이든지 간에 판매하려는 상품의 퀄리티는 사업을 시작하기 위한 기본 전제이지 경쟁력은 아니다. 퀄리티가 보장된 상품으로 어떻게 희소성을 만들어 낼 것인가가 사업성공의 핵심이 되어야 한다. 이걸 이해하지 못한다면 사업가로써는 승산이 없다. 이걸 인정하는 것에서 차별화를 위한 브랜딩이 시작되어야 한다. 비단 카페만의 문제가 아니다. 아이템이 무엇이든 간에 보통의 자영업자가 판매하는 상품이 다른 곳보다 뛰어나서 누구나 아는 브랜드가 될 확률이 얼마나 될까?

누군가는 할 수 있겠지만 내가 아닐 확률이 99% 이상이다.

앞으로 자세히 이야기 하겠지만 결국 자영업자에게 브랜딩이란 이제까지는 '퀄리티 높은 뛰어난 상품'을 예쁘게 포장해서 표현하고 그것을 마케팅이라는 도구로 알리는 것이었다면 이제는 진화하여 브랜드만이 가지고 있는 고유의 특징 즉 '나 다움^{being} ^{myself}'을 표현하는 것이 되었다. 전세계 수많은 사람들 개개인이 고유의 특징을 가지고 있듯이 브랜드 또한 마찬가지로 브랜드 고유의 특징을 찾아 그것을 표현하는 것이 자영업자의 브랜딩이 되어야 한다. 그리고 그것이 모든 사업이 포화상태인 시대에 남들과 차별화될 수 있는 거의 유일한 방법이다.

1장. 브랜딩의 힘 이해하기

자영업자에게
브랜딩이 중요한 이유

2024년 기준 대한민국 자영업자는 552만 8천여 명에 달하고 있고 연평균 소득은 1,952만 원이라는 충격적인 통계가 있다. 특히 인구 77명 중 1개꼴로 음식점이 있다는 통계에서 알 수 있듯이 자영업자 중 상당수가 과하게 집중된 식품, 외식, 서비스업에 종사하고 있지만 대부분 큰 수익을 올리지 못하고 있는 실정이다.

일정 수 이상의 사람이 거주하고 있는 지역이라면 어디서든 볼 수 있는 치킨집의 예를 보자. 대한민국에 존재하는 전체 치킨 매장의 수를 40,000여 개 정도로 예측하고 있고(치킨 집이 아닌 곳에서 치킨을 파는 경우가 있기 때문에 정확한 통계가 불가능함) 프랜차이즈로 등록된 치킨 브랜드의 수만 400여 개에 달한다. 그 400여 개의 브랜드 중 상위 20개 치킨 프랜차이즈의 매장 수가 15,000여 개이며 총7조 원에 달하는 치킨 시장 전체 매출의 60% 이상을 20여 개의 브랜드가 차지하고 있다. 수치로 모든 것을 설명할 수는 없지만 전국 40,000여 개 치킨 매장 중 상위 20여 개의 브랜드에 속해 있지 않은 나머지 25,000여 개의 치킨 매장은 구조적으로 치킨 전쟁에서 뒤처질 수밖에 없다.

이러한 현상은 비단 치킨 사업만의 문제가 아니다. 카페, 고깃집, 음식점, 술집 모두 마찬가지이다. 수십억 원을 투자하여 지역에 랜드마크가 되거나, 디자인이 훌륭하거나, 브랜딩이 잘 되어있는 상위 매장들 혹은 30~40년의 세월을 우직함으로 이겨낸 지역의 유명 노포를 제외하고 대부분의 자영업자들은 사업적으로 실패하고 뒤처질 수밖에 없다.

모든 음식점이 지역에서 가장 값비싼 식재료를 사용하여 최고의 음식을 만들어 낼 수 있는 경쟁력을 가지고 있는 것은 아니다. 또한 모든 매장이 고객에게 일일이 최고의 서비스를 제공할 수 있는 시스템을 갖춘 것도 아니다. 하지만 현재 대한민국 자영업 시장에서 살아남기 위해선 고객이 찾아올 수밖에 없는 이유를 만들어야 한다.

이 책 전반에 걸쳐 계속해서 언급하겠지만 대한민국에서 자영업으로 그 무엇을 팔건 이미 과포화상태인 상태에서 경쟁에서 이기고 고객들의 관심을 받아야만 살아남을 수 있다. 한 건물에 카페가 2~3개 있고, 같은 골목에 김밥집이 4개가 있고, 아파트 단지 인근에 치킨집이 5개씩 포진하고 있는 상태에서 경쟁해야 한다. 마케팅에 막대한 자금을 투자할 여력이 없다면 결국 자영업자가 차별화를 위해 선택할 수 있는 것은 브랜딩밖에는 없다.

이제 선택이 아닌 필수 요소가 되어버린 '브랜딩'을 통해서 내 브랜드만의 이유를 찾아내야 한다. 브랜딩을 통해서만 고객으로부터 '이곳은 믿을 수 있는 곳이야'라는 평판과 신뢰를 쌓을 수 있다. 그리고 다른 브랜드와의 전쟁에서 경쟁력을 확보할 수 있으며, 단순히 음식이나 물건을 파는 것 이상의 감성적 교류를 고객과 할 수 있게 된다.

더 나아가, 마케팅으로 막대한 비용을 지출하지 않아도 고객에게 선택 받을 수 있게 된다. 직원들의 사기와 충성도를 높일

맛있어도 문닫는 가게 맛없어도 줄서는 가게

수 있고 당장의 매출보다 장기적인 사업의 성장과 지속 가능성을 확보할 수 있게 된다.

만병통치약을 파는 사기꾼의 이야기처럼 들릴 수 있겠지만 사실이다. 브랜딩을 통해 제대로 된 브랜드를 구축하게 된다면 고객 유치를 위한 전쟁 속에서 살아남을 수 있게 된다. 이러한 이유로 자영업자는 자신만의 독특하고 강력한 브랜드를 구축하고 유지하는 데 주력해야 한다.

브랜딩과
마케팅의 관계

브랜딩이란 시장에서 경쟁력을 가지기 위한 차별화를 '나다움'을 통해 표현하는 것이라고 정의를 해야 한다. 하지만 막상 시장에서는 '브랜딩'이라는 단어의 의미가 왜곡되어 사용되고 있다. 이를 확인하기 위해 주요 도서와 논문들을 종합해서 브랜딩의 의미를 찾아보니 다음과 같다.

"브랜딩은 기업이 고객들에게 제공하는 가치Value와 메시지를 시각적으로 명확하게 전달함으로써 경쟁력을 강화하고 고객과의 긍정적인 관계를 형성하여 충성고객을 만든다. 더욱이 강력한 브랜드 이미지를 구축함으로써 기업은 고객들의 신뢰를 얻고 장기적인 성과를 얻을 수 있다."

쉽게 이야기하자면 '내 사업이 제공하는 가치를 시각적(상호, 로고, 간판, 디자인, 익스테리어 디자인)으로 표현하는 것'이 브랜딩이라는 것이다. 그리고 이 시작적인 브랜드 이미지를 강력하게 구축함으로써 고객들의 신뢰를 얻고 장기적인 성과를 얻는다고 이야기 한다. 브랜딩의 범위를 시각적인 요소로만 국한하여 표현하고 있는 것이다. 개인적으로는 전혀 동의할 수 없는 브랜딩의 의미가 정답인 것 마냥 시장에서 통용되고 있다. 이렇듯 브랜딩의 의미를 시각적으로만 국한하다 보니 다수의 사업자들이 브랜딩에 대해 오해를 하고 있다. 그래서 크고 화려한 간판, 자극적이고 독특한 메뉴사진, 고급스러운 인테리어같은 시각적인 요소에만 막대한 자금을 투자하고 그것을 브랜딩의 완성이라고 여기며 사업을 한다.

다시 이야기 하지만 브랜딩의 핵심은 차별점(나다움)을 '표현'하는 것이다. 당연히 사업의 차별점을 만드는 것이 핵심이어야하는데 마땅한 차별점이 없이 사업을 하다 보니 사전적 의미처럼 '표현'하는 것에만 집중을 하게 된다. 더 심각한 건 표현할 방법조차 시각적으로 표현하는 것에 국한되다 보니 디자인이 브랜딩이라고 착각을 한다는 것이다. 특히나 요즘은 여기저기서 브랜딩을 해야 한다고 떠들어대니 소위 브랜딩 회사라는 곳에 거금을 주고 의뢰를 하게 된다. 브랜딩 회사들에서 말하는 사업에서의 '시각적 표현'은 즉 '그들의 브랜딩'은 브랜드의 로고를 예쁘게 만들고 BI^{Brand Identity}, CI^{Corporate Identity}를 제작하고, 디자인 심볼을 만드는 것이 전부이다. 수백만 원에서 수천만 원의 비용을 지불하고 결국 브랜드의 로고와 심볼디자인 그리고 관련 상품을 만들 수 있는 디자인적 요소를 얻는 것이다. 소비자들이 과연 로고와 디자인만을 보고 브랜드를 선택해서 소비를 할까? 절대 그렇지 않다. 디자인이 화려하고 예쁘지만 사업에 실패하는 경우는 너무 쉽게 그리고 자주 목격할 수 있다. 만에 하나 디자인적 요소가 중요하다 하더라도 600만에 달하는 소상공인과 자영업자들 중 높은 수준의 디자인적 요소를 만들 수 있는 능력과 자금을 갖춘 비중이 얼마나 될까? 10%도 안 될 것이다. 이처럼 브랜딩에서 디자인적 요소는 일부분일 뿐이지 결코 디자인 자체가 브랜딩은 아니다.

디자인을 브랜딩으로 오해하면 생기는 또다른 문제는 바로 잘못된 방향의 마케팅을 진행할 수 있다는 위험이다. 마케팅에 관한 자세한 이야기는 책 중반부에 다루겠지만 오늘날 '자영업자를 위한 마케팅'이라 함은 곧 온라인 마케팅을 의미한다. 다양한 온라인 플랫폼에 많은 사람들이 내 브랜드를 볼 수 있도록 많은 곳에 노출하는 것 즉, 온라인 상위노출이 마케팅이라고 여겨지고 있다. 그래서 디자인에 투자하여 시각적으로 차별화된 브랜드에 많은 돈을 쏟아부어 마케팅이라는 이름으로 온라인상에 상위노출을 시키게 되는 것이다.

작은 회사나 큰 회사 모두 마찬가지다. 결국 자금력이 큰 회사들은 눈에 띄는 디자인과 자본투자로 인한 잦은 노출로 인해 높은 인지도를 가지게 된다. 반면 작은 규모의 사업은 어설프게 따라하다가 격차만 계속 벌어지게 되는 것이 오늘날 대한민국 자영업의 구조이다.

가혹 브랜딩은 잘 되어 있지만 온라인상에서 상위노출이 되지않아 소비자들에게 제대로 된 브랜드로 인식되지 못한다고 하는 사람들이 있다. 그들은 더 큰 자금을 투자하여 지속적으로 상위노출이 되어야 매출이 상승한다고 믿는다. 과연 자금을 투자해서 지속적으로 상위노출을 하는 것이 브랜드로 인식되는 길일까? 상위노출이 정말 정답일까?

소위 자영업 마케팅 회사라는 곳들을 보면 예외 없이 모든 곳이 온라인상의 '상위노출'이 마케팅의 모든 것인냥 이야기한다. 네이버, 구글, 인스타그램같은 SNS 플랫폼에 돈을 지불한 브랜드를 상위에 혹은 오랫동안 노출해 주겠다고 한다. 물론 이러한 방법을 통해 대행사에게 많은 돈을 써서 남들보다 압도적으로 많은 양을 노출하면 일시적으로 매출이 오를 수는 있지만 그때뿐이다. '차별점'이 없다면 아무리 노출이 많이 되도 좋은 브랜드로 인식되지 못한다. 그런 식이면 전단지 100만장을 길바닥에 뿌리면 다 좋은 브랜드가 될 것이다. 사람들이 관심을 갖든 그렇지 않든 사람들에 눈에는 '상위노출'이 되니까...

이렇게 잘못 알려진 브랜딩과 마케팅의 이미지 때문에 많은 자영업자들이 마케팅을 포기한다.

"돈이 많이 든다"

"마케팅 해도 소용없다"

"마케팅 업체들은 다 사기꾼이다"

사업의 본질인 차별화는 나몰라라하며 마케팅 탓을 한다. 하지만 이러한 현상이 오히려 다행이다. 무슨 헛소리냐고? 모든 사업이 포화상태이지만 제대로 된 브랜딩을 해서 사업을 하는 경우는 많지 않기 때문이다. 아무리 포화상태이더라도 브랜딩

맛있어도 문닫는 가게 맛없어도 줄서는 가게

의 관점에서 보자면 대한민국 자영업은 블루오션이다.

　브랜딩은 내가 파는 상품에 나다움을 차별화로 내세워 매력적으로 표현하는 것이고 마케팅은 매력적인 브랜드를 이어받아 대중들에게 알리는 역할을 하는 것이다. 마케팅을 활용하는 방법은 온라인이 될 수도 있고 오프라인이 될 수도 있고, 직접 발로 뛰며 고객들을 찾아다닐 수도 있다. 돈을 많이 투자하여 상위 노출이 되지 않아도 매력적인 상품이라면 고객이 찾아오게 만들 수 있다. 최소한의 비용으로 사람들이 내 브랜드를 찾아오게 만드는 것, 그것이 바로 올바른 마케팅이다.

마케팅에 대한
오해

외식업과 관련된 사장님들과 상담을 할 때 마케팅을 하기 위한 매장의 '차별점'이나 '나다움'이 무엇이냐고 물어보면 90%는 비슷한 대답을 한다.

"유기농 식재료를 취급하여 건강에 좋고 맛도 좋다."

"시골에서 어머니가 직접 농사지은 배추로 김치를 담궈서 손님에게 제공한다."

"30년 전통 방식으로 10시간 사골뼈를 우려 특제 소스에 버무린다."

"프랑스에서 직수입한 버터와 유기농 밀가루로 빵을 만든다."

이러한 장점과 차별점이 있지만 마케팅 역량이 부족해서 매출이 오르지 않는다. 그러니까 '효과 있는' 마케팅 방법을 알려달라는 것이 상담의 목적인 경우가 많다. 결론부터 이야기하면 '그딴건 없다'. 있다해도 장기적으로는 사업에 독이 될 뿐이다.

사장님들이 언급한 '유기농 식재료', '특제 소스', '프랑스 버터' 같은 차별화는 고객 입장에서보면 전혀 차별화가 아니기 때문에 브랜딩으로써의 가치도 불분명하다. 그리고 대다수의 자영업자들이 '효과있는 마케팅'을 원하는 이유는 마케팅의 의미 자체를 잘못 이해하고 있기 때문이다.

많은 사람들이 마케팅에 대해 오해하고 있는 것들이 몇 가지 있다. 그중 첫 번째 오해는 마케팅이라는 것이 단순히 광고나 이벤트, 판매를 높이기 위한 단기적인 활동이나 수단이라고만 생각한다는 것이다. 그것이 어떠한 형태의 마케팅이든 비용을 투자하면 즉각적으로 매출이 오르는 효과를 얻을 것으로 기대하지만 잘못된 생각이다. 내 브랜드를 대중에게 알리는 행위인 마케팅이야 말로 장기적인 관점의 접근이 필요하다.

마케팅의 목적이 단기적인 매출 증대가 아니라(물론 일정 부분

기여 하긴 하지만) 고객들과의 관계를 맺기 위해 브랜드를 알리는 것이어야 한다면 고객과의 관계를 오랜 기간 유지하기 위한 지속적이고 꾸준한 노력이 필요하다. 그리고 이를 통해서만 브랜드 이미지 구축, 충성고객 유치 등의 결과를 얻을 수 있다. 고객과의 관계를 맺고 유지하기 위한 수단이 마케팅이다.

"옆 가게 순이네 곱창집은 유명 유튜버 왔다 가서 손님이 바글바글해"

"유명 인플루언서가 다녀간 이후로 매출이 2배로 올랐데"

사업을 하다 보면 심심찮게 들리는 이야기들이다. 단기적인 마케팅 활동을 통해 일시적으로 손님이 몰리거나 매출이 상승하는 경험을 할 수는 있다. 하지만 유명 유튜버의 경우 1회 촬영 마케팅 비용이 이미 수천만 원을 상외한다. 손님만 끌 수 있다면 울며겨자먹기로 이런 류의 마케팅을 진행하는 경우도 있다. 하지만 바글바글해진 손님이, 2배로 오른 매출이, 1년 후 아니 6개월 후에도 계속 유지되는 경우는 얼마나 될까?

다시 한번 강조하지만, 사업을 하고 있다면 마케팅은 브랜드를 노출하고 알리기 위한 그리고 그것으로 고객과의 관계를 맺고 유지하기 위한 장기적인 도구라는 사실을 염두에 두어야 한다. 돈을 아무리 써도 효과가 없다거나 계속해서 마케팅에 돈을 쏟지 않으면 금세 매출이 빠진다는 건 결국 내실 없이 단기적 이벤트성 마케팅만을 지속하기 때문이다. 그리고 이런 사실들을 깨달아야 지속적으로 성장할 수 있는 사업으로 전환할 수 있다.

마케팅에 대한 두 번째 오해는 마케팅은 마케팅 회사가 대신 해준다는 근거없는 믿음이 팽배해 있다는 것이다. 개인사업을 하는 분들을 만나보면 꽤 많은 비율로 월 100 ~ 300만 원의 마케팅 비용을 마케팅 회사에 '관리^{Management} 명목'으로 지불하고 있다. 여기서 말하는 '관리'가 정확히 무엇인지 이해하고 있는 경우는 거의 없다.

호갱 아니 고객의 네이버 스마트플레이스를 사진, 영상촬영, 소개글 등을 통해 화려하게 꾸며주고 리뷰를 위한 블로그 체험단을 보내주는 것 말고 따로 해주는 것도 없다. 그러면서 하루 10시간 넘게 사업에 몰두하느라 마케팅에 시간을 할애할 여유가 없는 사람들에게 '관리'라는 달콤하지만 내용이 없는 말로 매달 돈을 요구하고 있다.

다음은 실제 마케팅 회사에서 발행한 온라인 마케팅 견적이다.

번호	상품명	상품 세부 사항	금액 (VAT 포함)
01	네이버 플레이스	네이버 플레이스 최적화	
02	네이버 광고	저비용 고효율 키워드 세팅	1,100,000
03	네이버 예약	네이버 예약 세팅 · 관리	
04	홈페이지	홈페이지 제작 · 관리	
06	파워링크	파워링크 광고는 매장에서 별도 집행	별도 집행
합계		일금 일백십만 원정 (1,100,000)	
◆ 첫 달 1,100,000 (VAT 포함) / 이후 2개월 차부터 매월 660,000 (VAT포함) ◆			

온라인 마케팅 대행사의 마케팅 대행 견적서

위 견적 항목 중 실제 마케팅 회사에서 일정의 비용과 노력을 투여하는 항목은 1번 네이버 플레이스 최적화 항목밖에는 없다. 2번 '저비용 고효율'이란 명확하지 않은 단어가 쓰인 네이버 광고 항목이 있지만 광고에 들어가는 비용은 고객이 광고를 클릭할 때마다 발생하는 비용을 사업자가 별도로 지불을 해야 한다. 결국 사업자가 돈을 지불하는 광고를 말 그대로 설정해주는 비용을 받는다는 것이다. 3번 네이버 예약 세팅은 1번 네이버 플레이스를 세팅할 때 예약 항목에 클릭 한 번만 하면 생성되는 항목이다.

배달 앱에서 음식을 주문할 때 추가 메뉴를 클릭해서 주문하

맛있어도 문닫는 가게 맛없어도 줄서는 가게

는 것 딱 그 정도의 일이다. 그리고 예약관리? 마케팅 회사에서 무슨 예약 관리를 한다는 거지? 예약관리는 매장에서 직접 한다. 당연한 거 아닌가? 네이버 예약관리 항목은 관리 명목으로 돈을 청구하기 위해 명시해 놓은 항목일 뿐이다. 4번 홈페이지 제작 항목도 거의 모든 마케팅 회사가 네이버에서 누구나 쉽게 클릭 몇 번으로 만들 수 있는 '모두Modoo'라는 플랫폼의 홈페이지를 제작한다. 네이버 블로그를 만드는 것과 비슷한 노동으로 누구나 만들 수 있다. 그리고 이 홈페이지를 관리한다는 명목으로 관리비를 청구한다. 실제로 관리하는 경우는 거의 없다. 밥 한끼, 커피 한잔하는데 매장 홈페이지에 접속해서 정보를 살펴보고 방문하는 경우가 있을까? 자영업자 입장에서 모두 홈페이지는 효용가치도 전혀 없다. 그리고 전혀 관리가 되지 않는 항목들을 관리비로 책정하고 매월 비용을 지불하게 만든다.

이런 식으로 마케팅 회사가 알아서 해 줄 것이라는 오해가 발생하는 이유는 마케팅은 전문가의 영역이라는 인식과 마케팅은 복잡하고 전략적이고 어렵다라는 인식에서 비롯된다. 말 그대로 오해다. '차별화'만 가지고 있다면 개인이 얼마든지 할 수 있는 영역이 자영업 마케팅이다. 개인사업자들은 이러한 오해를 해소하고 자체적인 마케팅 역량을 키워야 한다.

마케팅의 전제 조건
'차별화'

자영업자들을 상담하다보면 '효과적인 마케팅 방법'이나 '마케팅을 잘하는 업체'를 소개해 달라는 경우가 많다. 그럴 때마다 역으로 질문한다.

"무엇을 마케팅하실 건가요?"

"현재 상품의 차별화는 있나요?"

"노출(마케팅)이 되면 매출이 상승할까요?"

"경쟁 업체는 마케팅을 하지 않을까요?"

"마케팅에 얼마만큼의 비용과 노력을 들일 수 있나요?

맛있어도 문닫는 가게 맛없어도 줄서는 가게

돈을 지불하고 상담하는 분들에게 명쾌한 답이 아닌 머리 아픈 질문들을 계속 쏟아내기 시작하면 간혹 짜증을 내는 분들도 있다. '1+1=2'식의 답을 듣기 위해 상담을 하는데 답을 주지 않으니 말이다. 하지만 어쩔 수 없다. 마케팅을 필요로는 하지만 많은 경우 마케팅의 본질과 해야 하는 이유를 확실하게 이해하지 못하고 있다. 제대로 된 마케팅을 시행하기 위해서는 본질을 먼저 이해하는 것이 필수이다.

자영업 시장에서 마케팅이라고 알려져 있는 것의 실체를 한번 보자. 간단한 온라인 검색만으로 쉽게 찾아볼 수 있는 '마케팅 대행업체'들과 상담을 해보면 열이면 열 모두한테 들을 수 있는 이야기가 바로 '상위노출'과 '체험단'이란 개념이다.

네이버, 인스타그램같은 온라인 플랫폼에서 PC나 스마트폰으로 어떠한 키워드(예, 왕십리고깃집, 강남횟집, 부산서면 아자카야)를 검색하면 내 매장의 정보가 화면 윗부분에 노출될 수 있게 하는 것이 '상위노출'의 개념이다. 이렇게 상위 노출된 매장의 정보를 더욱 자세하게 설명하기 위해 고객이 매장에 직접 방문하여 매장과 상품에 대한 후기를 온라인에 업로드하는 것이 바로 '체험단'이다. 현재 99%의 마케팅 대행사가 하는 가장 기본적인 일이 바로 이 두 가지이다. 이 두 가지를 잘하는 업체가 마케팅을 잘

한다라고 알려져 있다.

네이버 검색창에서 '왕십리 고깃집' 검색 화면

　내 매장이 온라인상에서 상단에 위치한다는 것이 큰 매력임에는 틀림이 없다. 하지만 빠진 것이 하나 있다. 바로 온라인상에서 상위노출을 하는 목적이 무엇인가이다. 내 매장을 노출시키려고 애를 쓰는 이유는 최대한 많이 노출이 된 내 매장에 잠재고객들이 매력을 느끼고 방문하여 시간을 쓰고 돈을 쓰게 하기 위해서이다. 하지만 얼마나 노출되느냐에만 몰두하여 정작 노출될 내 매장이 충분히 매력적인가는 점검하지 않는 경우가 많다.

〈상위노출 = 매출상승〉의 공식이 정답인 것처럼 마케팅 대행업체들이 말하지만 이는 100% 잘못된 개념이다. 상위노출로만 보자면 형태는 다르지만 길거리 전단지를 예로 들 수 있다. 예전만큼은 아니지만 여전히 강남, 홍대, 종로 등 번화가에 가면 전단지를 돌리는 사람들을 접하게 된다. 내용은 다르지만 매력없는 전단지들을 마지못해 받고는 바로 길거리에 버리기 일쑤이다. 그런 전단지들은 대게 최소 1,000장에서 10,000만장까지도 인쇄되어 행인들에게 '상위노출'되고 있지만 결국엔 쓰레기일 뿐이다. 온라인에서도 매월 수십에서 수백만 원을 지불하는 '온라인 상위노출 쓰레기'가 똑같이 넘쳐나고 있다. 상위노출에 집중하라는 건 전단지를 더 많이 찍으라는 말과 무엇이 다를까?

상위노출은 두말할 것 없이 중요하다. 다만 상위노출이 마케팅 전체를 대변하는 것은 아니며 하나의 마케팅 도구일 뿐이다. 당연히 상위노출을 하기 위해서는 우선 내 매장을 차별화된 매력적인 브랜드로 만드는 것이 먼저이다.

상위노출에
올인하는 이유

매력적인 브랜드를 만드는 것이 선행되어야 함에도 불구하고 상위노출에 열광하는 이유는 그만큼 매력적으로 보이기 때문이다. 충분히 차별화되어 있지 않지만 단기적인 상위노출로 인해 대중들의 관심이 집중되고 그 집중이 돈이 되는 경우들을 많이 목격하기도 한다.

유튜브나 인스타그램같이 사진이나 영상을 포함할 수 있는 온라인 플랫폼에서 폭력적이고 자극적인 가끔은 엽기적이고 우스꽝스러운 컨텐츠를 만든다. 그러한 자극이 노출이 되고 노출이 관심이 되고(그것이 긍정적이든, 부정적이든) 관심이 결국엔 돈이 되는 구조가 한몫하고 있기 때문이다. 마케팅 업체들도 한순간에 반짝이고 이내 사라져버린 수많은 브랜드들의 사례에서 잠시 빛났던 한쪽 면만을 강조한다. 그리고 성공사례로 포장해서 광고하고 자극적이어도 노출이 답이라고 세뇌시키고 있다.

차별화가 없더라도 상위노출만으로 한순간 반짝일 수는 있다. 다만 내실 없이 잠시 빛난 순간이 지나간 후 사라져간 수많은 상품, 유명인, 유명브랜드 등도 떠올려 봐야 한다. 내실을 갖추고 차별화를 만드는 방법은 뒤에서 다루도록 하겠다. 이번 장에서는 상위노출이란 도구로 실패없는 마케팅을 하기 위한 방법을 다루고자 한다.

첫 번째는 가시성, 두 번째는 가시성의 유지이다.

가시성

누군가의 관심을 받기 위한 기본적인 전제 조건은 바로 눈에 띄는 것이다. 사람들의 눈에 띌 수 있다면 비용을 상대적으로 적게 투자하더라도 사람들의 관심을 받을 수 있게 된다. 눈에 띄는 방법을 연구하여 마케팅에 성공한 사례는 여러 가지가 있지만 외식업이 아닌 스포츠 사례를 통해 설명해보고자 한다. 지난 10년간(2010년~2020년) 가장 많은 돈을 번 운동선수가 혹시 누구인지 생각해 본 적이 있나? 당연히 대중적인 스포츠의 스타들이 떠오를 것이다. 축구를 좋아한다면 메시나 호날두라고 대답할 수도 있고, 농구를 좋아하면 르브론 제임스나 스테판 커리 그리고 이종격투기 UFC를 좋아한다면 코너 맥그리거라고 생각할 수 있을 것이다. 하지만 지난 10년간 가장 많은 돈을 번 운동선수는 미국의 복싱선수 플로이드 메이웨더로 알려져 있다.

10년간 9억 1500만 달러, 우리나라 돈으로 1조 980억 원을 벌었다고 한다. 메이웨더의 수입 이야기를 하면 적잖이 놀라는 경우가 많다. 복싱이라는 스포츠는 우리나라뿐만 아니라 전 세계적으로도 축구, 야구, 테니스, UFC, 농구 등 메이저 스포츠에 비해 인기가 많이 하락한 상태이기 때문이다. 그렇다면 메이웨더가 그 많은 수익을 올릴 수 있었던 이유가 뭘까? 여러 인터뷰를 통해 밝혔듯이 메이웨더는 스스로 그 이유를 '지속적인 화제성'이라고 표현을 했다. 1998년 메이웨더는 당시 21살에 어린 나이에 WBC 슈퍼페더급 세계챔피언이 되었다. 그런데 본인이 생각하는 만큼의 돈을 벌지 못하자 스스로 프로모션(회사)을 설립하고 닉네임을 'The Money(돈)'로 만들었다.

그 후 스포츠라는 시장이 실력만 가지고 성공할 수 있는 것이 아니라는 걸 깨달으며 대중의 관심을 받을 수 있는 것은 무엇이든 하기 시작했다. 2015년 필리핀 출신의 8체급 세계챔피언 매니 파퀴아오와의 시합을 기점으로 종합격투기 UFC 파이터 코너 맥그리거와의 시합, 일본 격투기 신동이라는 나스카와 켄신, 복싱 유튜버 로건 폴과의 시합 등 이슈가 될 수 있는 시합들을 연달아 벌이며 다시 떼돈을 벌어들이게 된다.

본인의 전문 분야인 '복싱'에만 한정하지 않고 자극적이고 차별화될 수 있는 시합과 이벤트들을 지속적으로 만들어 냈다. 말 그대로 관종(관심을 받기 위해 과한 행동이나 언행을 하는 사람)이 되어 버린 것이다.

분야가 다르긴 하지만 사업을 하는 입장에서 시사하는 바가 크다. 10년이 넘게 한 번도 패배하지 않은 복싱 세계챔피언도 많은 돈을 벌지 못해서 대중들에게 노출되고자 다소 우스꽝스러워 보일 수 있는 '관종'이 된다. 그런데 내가 만든 음식이 아무리 맛있어도, 누구보다 정성스럽게 만들어도, 그 어느 카페보다 좋은 원두로 정성스레 커피를 볶아도 그것만으로 사업에 성공할 수 있는 가능성이 점점 낮아지고 있다.

좋든, 싫든 사람들에게 관심 받지 못하면 살아남을 수 없는 세상에 놓여 있다. 돈을 써서 광고를 하고 인스타에 올리고 먹방을 찍고 모델을 섭외하고 할인 이벤트를 하는 등 최선을 다한다. 그것들도 결국엔 모두 관심을 받기 위해 하는 행동이다. 내 상품이 좋다라는 이야기는 이제 그만 해도 된다. 충분하다. 그것 외에 무엇이 사람들의 관심을 살 수 있는지를 연구하고 눈에 띄게 만들어야 한다. 세계챔피언도 하는데 사업가인 우리는 더 해야 하지 않을까? 어떻게 눈에 띌 것인지를 연구하고 노출하고자 해야 한다. 그것이 마케팅의 시작이다.

가시성(노출)의 유지

가시성이 중요하긴 하지만 실력이 뒷받침되지 못하거나 고객들의 관심이 지속적이고 장기적이 되지 못하면 한계에 부딪힐 수밖에 없다.

예시로 들었던 메이웨더는 이미 '한 번도 패배하지 않았던 무패 세계챔피언으로 세계적인 실력을 갖추고 있었고' 거기에 '화제성을 얻고' 스스로 관종이 되었다. 그러다 보니 지속적으로 관심을 받을 수 있었고 다른 이벤트성 시합을 해도 볼만한(관심끌만

맛있어도 문닫는 가게 맛없어도 줄서는 가게

한) 결과가 나올 수 있었던 것이다. 주목을 받기 위한 노력에 실력이 뒷받침되어서 효과를 낼 수 있었다.

메이웨더와 비슷한 케이스로 관심을 받았지만 지속적인 관심이 되지 못했던 사례를 한번 보자. 우리나라 격투기 단체중에 R*** FC라는 단체에서 100만 달러 토너먼트라는 대회를 개최한 적이 있다. 전 세계의 격투기 선수들을 초청해서 토너먼트를 치르고 대한민국의 챔피언 K 선수가 끝판왕이라는 타이틀로 결승에서 최종 도전자를 맞이하는 방식이었다. 토너먼트를 통과한 선수가 결승전에서 K 선수와 대결하여 최종승자가 100만 달러를 가져가는 대한민국 격투기 역사상 가장 규모가 큰 대회였던 만큼 그 관심은 대단했다.

하지만 관심이 대단한 만큼 끝판왕인 K 선수를 향한 대중들의 부정적 시각도 상당했다. "왜 니가 끝판왕이냐? 토너먼트를 참가했으면 1라운드에 탈락이다"같은 악플이 대회 내내 지속되었다. K 선수는 오히려 더 심하게 상대 선수를 비난하고 여기저기 시비를 걸고 막말을 하며 관심을 끌기 위한 악역을 자처했다. 그러면서 호감이든 비호감이든 결국 대회의 관심은 더욱 커져 나갔다. 100만 달러 토너먼트는 2년에 걸친 대회 기간 동안 화제가 되었고 마지막에는 K 선수를 응원하는 사람들도 제법 나왔다. 그렇다면 대회 결과는 어떠했을까? 결승전에서 K 선수가 1라운드에 상대 선수에게 제대로 된 주먹 한 번 날려보지 못하고 무참히 패배하고 말았다. 경기가 끝나고 대회 주최측과 K 선수는 정말 평생 먹을 욕을 다 먹었을 것이다. 결국 실력이 뒷받침되지 못한 관심이 역효과를 일으킨 케이스였다.

이런 상황이 비단 스포츠 세계에만 있을까? 사업에도 비일비재하다. 실력이 뒷받침되지 않았지만 홍보에 돈을 쏟아 붓고 화제성만 키워서 시작한 사업, 겉모습은 화려하지만 음식은 평균 이하인 카페, 밥집, 디저트 카페, 퍼포먼스에만 집중한 술집, 로봇이 화려하게 제공하는 커피 등 본질을 등한시한 아이템과 화제성에만 집중한 사업들이 얼마나 많은가? 노출에만 많은 의미를 두다보니 간혹 상품의 퀄리티라는 본질을 미뤄 두는 경우가 있다. 하지만 사람들의 이목을 끈 노출은 '화제성 + 노출 + 지속성'이 담보되어야만 비로소 마케팅으로써 의미가 있다. 그리고 지속성은 결국 실력이 뒷받침되어야 한다.

차별화의 전제조건

상위노출을 하기 전에 반드시 짚고 넘어가야 할 브랜드의 차별화를 만들기 위해 어떤 생각을 해야 하는지 짤막하게 개념을 정리하고 넘어갈 필요가 있을 것 같다. 지금처럼 인터넷이나 게임이 다양하지 않았던 시절, 완전하게 몰입하여 성장기 재미와 감동의 큰 부분을 차지한, 그래서 밤을 새며 수십 번씩 읽고 또 읽고 그래서 꿈에도 나왔던 만화가 있었는데 그 중 하나가 바로 드래곤볼이다.

전 세계 곳곳에 숨겨져 있는 7개의 드래곤볼을 모으면 용이 나와 소원을 이뤄준다는 대전제 아래 전 우주를 망라한 선인, 악인, 외계인, 동물, 인조인간, 신神들이 참전하여 드래곤볼을 얻기 위해 벌어지는 범우주적 쟁탈전에 대한 이야기이다. 만화 초기에는 인간의 모습을 했지만 실은 사이언인이라는 외계인의 아이가 성장하며 드래곤볼을 모으기 위해 여행하는 유쾌한 이야기에서 출발한다. 후반부에는 우주를 관장하는 신중의 신The God of Gods, 매번 나타나는 '실은 내가 우주 최강자' 캐릭터들의 무한 생성으로 '드래곤볼 모으기'라는 대전제가 희미해진다. 그럼에도 이 만화의 최초 배경이 세계정복이든, 젊음을 되찾기든, 죽은 사람 살리기든(전부 만화에 나오는 소원들) 결론은 소원을 빌기 위한 드래곤볼 모으기이다.

이쯤에서 질문을 한번 해보자.

몇 년간 모아둔 돈으로 당신은 이제 막 식당을 시작하려고 한다. 1년간 현장에서 고생하며 최고의 밥을 짓는 법, 정성 가득한 맛있는 음식을 만드는 법, 고객 응대하는 법을 터득하고 여러 강의도 들으며 마케팅도 스스로 할 수 있을 만큼 내공도 쌓았다. 가게를 알아보고 있는 중 마침 드래곤볼 7개가 내 앞에 나타났다. 용이 나타나 하고자 하는 사업에 관해 1가지 소원을 들어주겠다고 한다. 이때 여러분은 무슨 소원을 빌 것인가?

목 좋은 자리? 최저임금으로 부릴 수 있는 세계 최고의 셰프? 매번 대박 터지는 메뉴 아이디어? 거물급 엔젤투자자? 좋은 식재료공급처? 어떤 소원이 나에게 필요한지 생각이 많고 머리가 아프고 고민이 된다면 장사를 처음부터 다시 생각해야 한다. 이런 상황에 빌어야 하는 소원은 딱 하나이다.

'늘 굶주린 고객들'

즉, 내가 팔고자 하는 것을 필요로 하는 그래서 기꺼이 돈을 지불할 의사가 있는 고객층 확보가 최우선이다. 이들이 없다면 그 어떤 아이템이든, 차별화든 아무런 의미가 없다. 사업을 준비 중이거나 하고 있는 사람들 그 아이템이 무엇이든 아이템 자체에 빠져서 정작 (앞으로) 돈을 낼 사람들을 후순위로 미루는 경우가 종종 있다. 밥집을 하려면 가장 필요한건 굶주린 사람들이고, 술집을 하려면 가장 중요한건 술을 마시고 싶어 하는 사람들이다. 음식이 맛이 있고 인테리어가 화려하고 가성비가 좋고 다양한 이벤트가 기다리는 것도 결국 사람들이 필요치 않으면 아무런 의미가 없다.

모든 것이 넘쳐나는 시대, 로봇이 서빙하고 주문도 터치로 받는 요즘, 맛있고 싸고 가성비 좋고 서비스 좋고, 인스타그램에 찍을 만한 특별하고 화려한 시그니처 메뉴를 통한 차별화에 집중한다면 얻을 수 있는 건 아무것도 없다. 차별화를 만들어 내는 방법은 결국 내 매장을 방문할 가능성이 있는 사람들 즉 잠재 고객들이 무엇을 필요로 하는지를 고민하고 거기에 내 브랜드의 특징을 맞추는 것이다.

• 아이들이 많이 거주하는 상권이라면 '식사시간 동안 아이를

돌봐주는 고깃집'

- 직장인이 많은 상권이라면 '1분만에 나오는 아이스아메리카노'
- 대학가 앞 상권이라면 '졸업생을 위한 취업설명회/유학설명회 등을 개최하는 음료전문점'

　잠재 고객들이 필요로 하는 것이 우선이 되어 차별화하는 것이 효과적이다. 차별화는 위해 결국 집중해야 하는 건 사람이다. 이걸 깨닫는 것이 사업의 성패를 좌우한다.

화제성과 지속적인 노출로 살아남은 자영업자

- 홍대펀치 감자탕

한때 365일 사람들로 북적이던 홍대-합정 상권에서 스테이크 전문점으로 성공적으로 사업을 운영하던 A 대표님과 브랜딩을 진행하게 되었다. 유동인구는 줄어들고 공실은 계속해서 늘어나는 홍대-합정 상권은 더 이상 예전의 모습이 아니었기에 노력과 반비례하는 매출 하락을 이겨내고자 과감하게 변화하기로 결심했다.

스테이크 전문점은 홍대 상권 내에서도 대로변 2층 통유리 건물로 유명 편집샵같은 외형을 가지고 있었다. 매장 앞에서 사진 찍는 사람들도 다수 있을 정도로 '한때 핫플'이었음을 증명하는 매장이었다. 이 매장을 새로운 매장으로 변신시키기 위해 조사와 회의를 한 끝에 제일 먼저 중점에 두었던 것이 바로 노출을 위한 화제성이었다. 상권이 과거에 비해 많이 쇠퇴되긴 하였지만 홍대는 홍대였다. 주말과 저녁 시간대는 유동인구가 꽤 되었고 특히나 심야시간대에는 '클럽'을 가기 위한 MZ 세대들이 여전히 거리를 활보하는 상권이었다.

대한민국에서 손가락 안에 드는 핫 플레이스인 홍대에서는 여기저기 화려하고 사진 찍기 좋은 카페, 음식점, 술집들이 즐비했고 그곳에서 화제성 있는 매장을 만드는 것이 쉽지는 않았다. 많은 돈을 투자하여 아무리 화려하게 만들어봐야 더 화려하고 더 자극적인 매장들이 많아 더 튀는 전략으로는 화제가 되기 어렵다는 판단이 들었다. 그래서 생각한 것이 바로 감자탕집을 만드는 것이었다. 홍대 한복판에 편집샵같이 화려한 통유리 2층 건물에서 감자탕을 판다는 것 자체가 의외성을 가지고 있고 충분히 화제가 될 수 있을 것이라고 생각했다.

물론 화제성만을 생각하고 기획한 건 아니었다. 주위에 감자탕이나 해장국집이 몇 군데 없었다. 밤늦게까지 클럽에서 놀다 나온 MZ 세대들이 해장하며 쉴 수 있는 '클러버들의 쉼터'를 만들 수 있다는 생각이 들었다. 서울 유명 클럽이 있는 이태원, 강남 등지를 돌며 일대에서 잘되는 감자탕, 해장국, 탕 전문점들을 답사하고 홍대에서도 충분히 지속적인 관심을 받아 잘 될 수 있을 것이라는 확신을 가지게 되었다.

감자탕집이 아닐 것 같은 건물에 감자탕을 파는 의외성으로 화제를 만들고, 피자, 파스타, 와인바, 주점 같이 화려한 매장들이 주를 이루는 상권에서 감자탕이라는 대중적인 아이템으로 지속적인 고

맛있어도 문닫는 가게 맛없어도 줄서는 가게

객 유치가 가능할 것으로 판단했다. 블로그 체험단, 이벤트, 인스타그램 마케팅 등으로 화제를 노출하여 승승장구한 이 매장은 현재 지속적인 메뉴개발과 이벤트, 마케팅을 유지하며 홍대상권에서 경쟁력 있는 감자탕집으로 지속적으로 성장하고 있다.

브랜딩으로 성공한 자영업자

- 1978 멕시코리안

대전 둔산동 정부청사 인근에서 25년 동안 M치킨 프랜차이즈를 운영한 사장님이 현재 매장을 개인 브랜드로 탈바꿈하기로 결정하였다. 오랫동안 정부청사와 아파트 단지로 구성된 상권 앞에서 지역단골과 공무원 위주의 호프집을 운영하고 있었지만 오래된 단골들이 2차로 방문하는 치킨집이라는 이미지 외에는 딱히 내세울 것이 없는 곳이었다. 더욱이 워낙 오래된 프랜차이즈다 보니 본사에서 관리나 지원도 이루어지지 않는 곳이어서 전통적인 부분을 살리고 주고객의 니즈에 맞는 인근에서 유일한 치킨집을 만드는 것이 과제였다.

상권 내의 경쟁업체들을 조사하여 분석해 보니 20대나 젊은 MZ들이 좋아할 법한 요란하고 화려한 곳들과 최소 10년은 넘고 특색없는 오래된 곳들로 양분되어 공존하는 상권이었다. M 치킨은 70평에 달하는 큰 매장이어서 코로나 이전 회식이 빈번하던 시기를 지나 휑하기까지 한 매장이 되었다. 하지만 여전히 큰 평수의 대형 매장이 필요한 상권으로 판단되었다. 여전히 인근 주민들과 공무원, 직장인들이 편안함을 느끼고 찾아갈 만한 곳은 존재하지 않았기 때문에 지나가다 들르는 곳이 아닌 예약하고 찾아올 만한 곳을 만드는 것이 숙제였다.

우선 M 치킨이 가지고 있는 25년 전통은 살려두고 싶었다. 10년 전 혹은 20년 전 먹었던 그 치킨맛이 변했단 이야기는 듣고 싶지 않았다. 기존에 가지고 있던 음식의 레시피는 유지하되 양을 줄이고 플레이팅을 세련되게 변경하여 여러 가지를 주문하여 먹게 되는 메뉴 구성을 기획하였다. 또한 소주와 맥주로 통일되다시피 한 주류 메뉴를 하이볼, 위스키 등이 판매될 수 있게 만들어야 했다. 그래서 기획된 컨셉이 미국 영화에서 많이 볼 수 있는 스넥바 컨셉이었다.

70평의 긴 매장의 주방을 매장 맨 끝이 아닌 벽쪽에 길게 위치시켰다. 그래서 손님들이 음식이 만들어지는 것을 볼 수 있으면 주방 바 테이블에 길게 배치되어 있는 각종 주류들을 보며 이국적인 분위기에서 다양한 주류들을 주문하고 싶어지도록 유도하였다. 관공서와 인근 회사들의 회식 니즈를 반영학 위해 매장의 맨 끝쪽에는 폴딩도어를 중간중간 설치하여 인원수에 맞게 조절이 가능한 룸을 설치하였다. 상호도 1978 멕시코리안으로 정하고 전통적으로 방문하던 단골고객들도 유치하고 다양한 가족단위 고객이나 회사원, MZ세대 고객들까지도 만족하게 기획되었다. 상권자체가 많이 쇠락하고 회식이나 모임이 있을 때도 낙후된 이 곳이 아닌 차로 10분 정도 소요되는 번화가로 이동하는 고객들에게 진정 필요한 것이 무엇일까를 고민하여 브랜드를 탈바꿈하게 된 사례이다.

맛있어도 문닫는 가게 맛없어도 줄서는 가게

1장. 브랜딩의 힘 이해하기

2장

당신의 가게를
브랜드로 만드는 전략

브랜딩을 위한 차별화 전략 세우기

내 브랜드
객관적으로 보기

"장사가 안되는 곳의 문제점을 구체적으로 파악하고 개선하는 것이 가능할까?" 2021년 강원도 한 지자체에서 2개월간 총 30곳의 매장을 순회하여 문제점을 파악하고 컨설팅을 해달라는 의뢰를 받고 문제점과 개선 방향을 찾는 업무를 진행한 적이 있다.

결론부터 이야기하자면 30군데 매장을 2개월 안에 전부 성과를 내고 바꾸기는 불가능하다. 그렇기에 장사가 안되는 곳의 공통적인 문제를 찾아서 직접 개선하도록 지침을 마련하는 방향으로 진행을 하게 되었다. 코로나가 한창이던 시기에 30곳의 사장님들을 만나며 조사를 하고 상담을 해보니 매장은 30곳이지

맛있어도 문닫는 가게 맛없어도 줄서는 가게

만 공통적으로 듣게 되는 3가지의 답변이 있었다.

"코로나 때문에 매출이 너무 안 나와요"

"손님들이 한번 드셔 보시면 다 만족하시고 맛있다고 하시는데 홍보가 안 되서 매출이 저조해요"

"상권이 너무 안 좋아요, 옮기고 싶어도 임대료가 비싸서 좋은 상권을 갈 수가 없어요"

3가지 공통된 답변을 한 곳들은 월 매출 300만 원에도 미치지 못하는 곳도 있었고 3,000만 원이 넘는 곳도 있었다. 매출이 저조한 이유에 대해 공통적인 답변을 듣긴 했지만 이 답들은 매장을 운영하는 사업주 입장에서의 주관적인 이야기이다. 고객들이 이야기하는 객관적인 이야기가 아닌 것이다. 손님들이 대체로 다 만족하는데 월 매출 300만 원이 가능한 수치인가? 코로나로 인한 집합금지가 풀린 지 몇 년이 지난 지금도 여전히 월 매출 300만 원이 안 나오는 매장들에서 비슷한 답변들을 들을 수 있다. "고객들은 만족하는데 마케팅이 안되서 매출이 저조해요", "매출이 적은 건 홍보가 안 되서 그래요", "경기가 안 좋아서 손님들이 소비를 줄였어요" 같은 '카더라' 식의 원인을 매출 부진의 이유로 꼽는다.

하지만 사업이든, 개인이든 자기 객관화가 중요하다. 매출이 나오지 않는 이유를 매장 안에서만 들여다보면 객관적으로 원인을 파악할 수 없다. 이 시기에도 손님을 모으고 돈 버는 사람들도 많다. 내가 생각하는 이유와 고객이 생각하는 이유가 충분히 다를 수 있다. 매출이 저조한 진짜 이유를 객관적으로 파악해 보자.

음식

현장 컨설팅을 가면 제일 곤혹스러운 것 중 하나가 음식이나 음료를 내어주며 냉정하게 평가해 달라는 요청이다. 대부분 사양하지만 간혹 어쩔 수 없이 받게 되는 경우 감사한 마음에 좋은 피드백만 하고 싶지만 업의 특성상 그럴 수가 없다. 양해를 구하고 조심스레 솔직한 의견을 피력한다. "사장님 고기는 조금 질기고 솔직히 앞집에서 먹은 똑같은 메뉴보다 나은 점을 못 찾겠어요"라고 대답하면 정색을 하며 내가 이 분야에서만 20년 경력인데 진짜 고기맛을 몰라서 그런다며 질긴 고기를 필자 입맛탓으로 돌린다. 다른 업종도 마찬가지이다. "어제 오전에 마셨던 저가 M커피랑 다른 게 뭐죠?"라고 물어보면 이 원두가 얼마짜린데

맛있어도 문닫는 가게 맛없어도 줄서는 가게

아직 커피의 깊은 맛을 몰라서, 싸구려 커피에 길들여져서 고급 커피의 진정한 맛을 모른다라는 답변들을 받기 일쑤다.

나는 잘하고 있는데 고객이 가치를 모른다는 이야기를 아무렇지 않게 한다. 내 상품은 훌륭하니 이 가치를 모르는 사람들은 내 브랜드를 이용할 자격이 없어라는 태도는 사업자 특히나 자영업자는 절대 가지면 안되는 최악의 태도이다.

"싸구려 커피를 태우듯이 로스팅해서 아무렇게나 파는 저 집은 사람이 바글바글한데 나처럼 좋은 원두를 정성스럽게 내리는 집이 장사가 안되는게 말이돼?"
"중국 본토에서 직수입한 춘장을 적절한 비율의 돼지기름으로 300도가 넘는 센불에 재빠르게 볶아서 맛을 내는 우리집 짜장면이 프랜차이즈 본사에서 납품받은 짜장소스로 기계가 대충 볶아주는 H 반점보다 매출이 적은건 손님들이 모르기 때문이다."

이런 식의 태도를 가진 사장님들이 너무나 많다. 지극히 당연한 진리인데 잊고 있는 사람들이 많아서 다시한번 강조한다. 자영업은 대중들을 상대로 무엇인가를 팔아서 돈을 버는 사업이다. 여기서 대중은 대다수의 사람이라는 뜻이다. 많은 사람들이 높은 비율로 좋아하는 것을 팔아야 돈이 된다는 뜻이다. 대다수가 좋아하고 만족하는 것이 내가 주장하는 것과 다를 수 있다. 그걸 받아들여야 비로소 사업을 할 준비가 된다.

IMF 시절 모두가 경제적으로 어려울 때 새벽마다 대중들에게 힘을 주던 인물이 있었다. 그 당시 미국 메이저리그 LA 다저스의 투수 박찬호 선수였다. 천문학적인 연봉을 받으며 세계 최고의 구단에서 뛰던 박찬호 선수를 요즘의 아이들은 그저 말 많은 연예인 아저씨 정도로만 알고 있다. 별명도 투머치토커Too much talker일 정도로 지금의 대중들은 말 많고 조금은 장난기 많은 지금 박찬호의 모습을 더 친숙해하고 대중들이 즐거워한다.

이뿐일까? 대중적으로 유명한 곡들을 수도 없이 작곡한 유명 싱어송 라이터, 세계적인 격투기 선수, 수많은 박사학위를 가진 분야의 전문가 등 일반인들은 상상도 할 수 없는 스펙과 경력을 가진 사람들이 대중적으로 다가가기 위해 그들의 전문 분야와는 전혀 관계없는 다양한 활동들을 한다. 왜? 그래야 대중들에게 관심받고 사랑받을 수 있기 때문이다.

"내가 왕년에 메이저리그 연봉 1위였어", "내가 수많은 노래를 작곡했어", "대중들이 몰라서 그래"라는 태도를 보이는 순간 대중들은 외면한다. 이렇게 대단한 사람들도 대중들에게 다가가기 위해 대중들이 원하는 것이 무엇인가를 찾고 맞추기 위해 노력한다. 내가 파는 상품의 가치를 고객들이 몰라준다는 태도는 사업에 아무런 도움을 주지 못한다. 50년 전 세계 100대 기업 중에 현재까지도 살아남은 기업은 7개에 불과하다. 살아남은 기업과 그렇지 못한 기업의 차이는 단 하나, 시시각각 변화하는 고객들의 변화를 따라갔느냐 아니면 그렇지 못했느냐이다. 지금 얼마나 뛰어나고 매출이 높은지는 아무런 관계가 없다. 고객이 좋아하는 것을 팔아야 한다.

물론 매출이 잘 나오지 않는 이유를 상황 탓이나 고객 탓으로으로 돌리는 건 가장 손쉬운 일일 것이다. 상권이 좋지 않아서, 경기가 나빠서, 비가 와서, 마케팅을 하는 방법을 몰라서, 인테리어가 노후되어서 등 이유는 수십 가지를 들 수 있다. 하지만 과연 내 탓은 없을까? 아무리 상권이 안 좋아도, 마케팅이 안 되어도, 경기가 안 좋아도 잘되는 곳들은 전국 곳곳에 있다. 내가 파는 음식이 무엇이든 잘되는 이유도, 안되는 이유도 내 탓이다. 그걸 인정하고 객관적으로 들여다 볼 수 있어야 사업이 성장할 수 있다.

상권

아무래도 지자체 지원사업이다보니 작성해야 하는 보고서가 만만치 않았다. 보고서 중에 하나가 바로 상권분석표를 첨부자료로 제출하는 것이었다. 매장을 한곳 한곳 일일이 상권분석표를 돌리고 그래프를 만들고 타깃 고객층을 잡아서 상담 때 보여주고 제출했지만 대부분의 매장에서 비슷한 결과치가 나왔다. 한 상권에서 30군 데 매장이면 당연히 상권분석 결과도 비슷하게 나올 수밖에 없는데 월매출 300만 원 하는 매장 바로 옆 건물에서 비슷한 메뉴로 1,500만 원의 매출이 나오고 있는 경우도 있었다. 그럼에도 매출이 적은 사장님은 상권의 문제를 매출 부진의 원인으로 꼽았다. 이런 경우 상권의 문제라기보단 운영하는 사업주가 원인일 확률이 훨씬 크다. 상권이 문제라면 다른 매장들도 전부 매출이 낮아야 정상이다. 하지만 동일 상권 내에서 비슷한 매장끼리 매출 차이가 크다면 결국 매출이 적은 매장이 높은 매장에 비해 덜 매력적이라는 뜻으로 밖에 이해할 수 없다.

외식업을 운영하며 벌어들일 수 있는 순수익적인 면을 보자면 유동인구가 많은 상권이 꼭 중요하지는 않다. 유동인구가 많은 역세권같은 A급 상권으로 불리는 입지에서 권리금 1억 원을 지불하고 높은 고정비 즉 비싼 보증금, 임대료를 지불하며 매출을 높이는 것이 과연 권리금, 임대료 등 반값의 고정비를 지불하는 B급 상권에서 매출을 조금 덜 발생시키는 것에 비해 더 나은 선택이라고 볼 수 없다.

소위 A급 상권에서도 망하는 집들은 너무나 많이 있고. 반대로 B급, C급 상권에서 잘되는 집들도 많이 있다. 물론 상권 전체가 몰락해서 유동인구 자체가 거의 없는 경우들도 볼 수 있다. 하지만 그런 곳을 제외하고 주택가나 사람이 잘 다니지 않는 곳에 손님이 줄 서는 케이스는 심심찮게 볼 수 있다. 상권에 대해 많은 사람들이 오해하는 것이 바로 유동인구가 많은 곳이 무조건 좋은 상권이라는 것이다. 그러한 인식 때문에 상가의 권리금과 보증금도 결국 유동인구 기준으로 높고 낮음이 책정된다. 물론 내 매장 앞을 지나다니는 사람이 많으면 많을수록 손님이 많이 올 확률이 높은 것은 사실이다. 하지만 상권을 분류하고 분석하는 이유는 상권의 특성을 파악하여 내 매장을 찾을 만한 잠재고객 층을 찾아내기 위해서이다. 유동인구가 많더라도 상권의 특성과 내가 파는 상품의 특성이 맞지 않으면 많은 유동인구도 아무런 도움이 되지 않는다.

2장. 당신의 가게를 브랜드로 만드는 전략

각 상권별 특징을 간략하게 요약하면 다음과 같다.

☑ **주택/아파트 상권** | 아침, 저녁의 유동인구가 가장 많다. 외식업의 경우 가족단위의 저녁식사와 배달업의 성공 확률이 높다. 다른 상권에 비해 상대적으로 임대료가 낮은 것이 장점이며 점심 장사는 상대적으로 어렵다.

☑ **지하철/역세권** | 유동인구가 많은 주요 지하철역 상권의 경우 외식업 매출은 타 상권에 비해 상대적으로 높은 편이다. 술집, 고깃집 등이 매출이 높으나 높은 임대료(권리금, 보증금 포함)와 경쟁업체가 많은 것이 단점이다.

☑ **대학가상권** | 외식 소비에 활발한 대학생이 주고객이라 점심 매출이 상대적으로 높다. 하지만 몇 개의 주요 대학 인근을 제외하곤 방학 시즌에는 폐허 수준으로 한가한 것이 가장 큰 문제점이다.

☑ **오피스상권** | 단골 확보가 용이하고 점심, 퇴근시간에 피크 매출을 기대할 수 있으며 테이블 회전속도도 빠르다. 주말이나 휴가 시즌에는 역시 한가한 것이 문제다.

이처럼 높은 유동인구가 있다고 하더라고 각 상권별로 주요 고객층의 특성이 있다. 점심시간의 직장인들은 음식이 아무리 맛있어도 나오는 시간이 오래 소요되면 찾질 않는다. 소중한 점심시간을 음식을 기다리느라 소비하고 싶지 않기 때문이다. 좋은 원두를 써서 정성스럽게 로스팅하고 추출하여 내린 커피보다 저렴하고 빠르게 나오는 다소 덜 향긋한 커피가 대학가 인근에서 더 인기가 있을 확률이 높다.

이렇듯 상권에 따라 고객들이 원하는 니즈가 제각각이기 때문에 상권을 고려할 때는 유동인구보다는 내가 파는 상품의 방향이 잠재 고객이 필요로 하는 것과 결이 일치하는지를 고려하는 것이 훨씬 더 중요하다. 상권이 안 좋아 보임에도 불구하고 사람들이 줄을 서고 장사가 잘되는 곳이 인근에 한 곳이라도 있다면 그건 상권 탓이 아니다. 내가 장사를 잘못하고 있다고 생각해야 한다.

코로나, 경기침체, 환경

코로나로 자가격리, 집합금지, 마스크 없이는 이동금지가 한창이던 시기에 많은 자영업자들이 폐업을 했다. 그나마 정리하고 싶어도 울며 겨자 먹기로 장사를 하던 많은 자영업자들도 코로나를 원망하며 코로나가 지나가기를 손꼽아 기다렸다. 그리고 지금은 코로나가 언제 있었냐는 듯 그 힘든 시기를 잊고 살고 있다. 그렇다면 그때 어려웠던 자영업 시장은 이제 좀 나아졌을까?

그 시기 장사가 안되던 곳은 지금도 마찬가지로 어려움을 겪고 있다. 반면 코로나 시즌에도 마스크를 쓰고 사람들이 꾸역꾸역 방문했던 곳들은 지금도 잘되고 있다. 코로나 시기 필자와 함께 리브랜딩한 매장은 그 때도, 지금도 100% 예약제로 운영 중인데 코로나 시기에도, 요즘도 한 달간 예약이 풀로 차 있다. 다른 집들은 다 문 닫고 장사가 안될 때 종로 한복판에 K초밥집만은 웨이팅이 걸린다. 그 동네에 초밥집이 그곳 하나만 있는 것도 아닌데 말이다.

매출이 저조할 때 환경을 탓하는 건 가장 쉬운 일이다. 경기침체, 조류독감, 출산율저하, 1인가구 증가 등 장사가 안되는 이유는 수십 가지를 들 수 있다. 하지만 내가 컨트롤할 수 없는 환경 탓만 한다면 결국 아무것도 나아지지 않는다. 조류독감으로 치킨집이 다 어려움을 겪을 때 B 치킨 브랜드는 조류독감 감염시 1억원 배상이라는 파격적인 방식으로 어려움을 극복했다. 출산율 저하의 어려움을 겪던 C 아동상품 업계는 '하나뿐인 내 자식에게 가장 좋은 것을 주자'라는 방식으로 매출을 상승시켰다. 이처럼 어려운 상황을 기회로 삼아 사업을 성장시킨 예는 수없이 많다. 결국 상황을 변화시킬 수 있는 것은 환경도 아니고, 타인도 아니고 사업주 자신이다.

내 브랜드를 객관적으로 보고 내가 할 수 있는 것에 최선을 다해 변화하고 성장하는 것이 사업적으로 성공하는 길이다.

브랜드 객관화
예시

브랜드를 객관화해서 보는 것의 중요성에 대해 이야기했지만 스스로 브랜드를 객관적으로 보는 것이 말처럼 쉽지는 않다. 이번에는 실제로 내가 운영하는 브랜드를 객관적으로 들여다보는 방법을 시뮬레이션을 통해 설명해 보고자 한다.

필자가 현재 거주하고 있는 신도시 아파트 밀집지 인근에 건강한 김밥을 표방하는 J 김밥이 있다. 김밥 하나도 좋은 유기농 재료들로 느리지만 정성스럽게 만들고 많은 수의 메뉴보다는 적지만 정성이 가득한 메뉴를 판매하는 김밥집이다. 김밥이 물론 맛있고 건강하다는 이미지가 강하고 아이들이 좋아해서 종종 가는 김밥집인데 다음의 브랜드 진단표를 근거로 브랜딩 객관적으로 진단을 해보겠다. 각자 매장 상황에 맞춰 진단을 해보도록 하자.

	매장 수	업종	특징
동일업종			
대안업종			

	특징
특성	
잠재 고객	
상권	
입지	

브랜드 상권 및 경쟁 업소 진단표

    첫 번째 브랜드 진단표는 간단한 상권 분석을 통해 내 매장이 위치한 곳의 특징을 파악하기 위함이다. 크게는 주택가인지, 오피스 상권인지, 역세권인지를 구분하고 매장에 방문할 가능성이 있는 잠재 고객들이 거주하거나 활동하는 주택, 회사, 관공서, 학교 등의 특징을 메모하여 내 매장을 객관적으로 살필 수 있다. 또한 동일한 상권 내의 경쟁업체를 동일업종과 대안업종으로 세분화하여 잠재 고객이 내 매장 대신 찾을 수 있는 다양한 경쟁 상대를 객관적으로 판단하기 위한 표이다.

이제 실제로 존재하는 J 김밥을 객관적으로 분석하기 위해 브랜드 진단표를 작성하며 들여다 보도록 하자.

우선 네이버 지도로 J 김밥을 검색하면 도보로 이동이 가능한 거리인 반경 500m 내에 아파트 단지가 7개가 나온다. 각각의 아파트 단지들을 검색해서 세대수를 확인하면 7개 단지 총 4,500세대가 거주하고 있다. 반경을 넓혀 보면 반경 1Km 내에 초등학교 두 개, 중학교 하나, 고등학교 하나, 시립도서관 하나, 어린이집 4개가 있는 걸 확인할 수 있다. 같은 방식으로 각 학교별 학생 수를 검색해 보면 대략 3,600여 명의 초·중·고등학교 학생들이 재학하고 있다. 주위에 오피스나 관공서는 없고 큰 기업체도 없다. 가장 가까운 지하철역이 직선 거리로 2km 떨어져 있어 도보로 25분정도 소요된다. 역세권과는 거리가 먼 4,500세대에 3,600여 명의 학생이 거주하고 있는 전형적인 신도시 주택단지 중심부에 J 김밥이 위치하고 있다.

당연히 J 김밥이 위치한 주택단지에서 잠재 고객은 초·중·고등학교 학생들과 가족들이다. 이들을 타깃고객으로 설정하고

맛있어도 문닫는 가게 맛없어도 줄서는 가게

잠재 고객들이 좋아할 만한 가치를 김밥과 같이 팔 수 있도록 전략을 수립해야 한다. 브랜드 진단표에 아파트 상권 세대수, 잠재 고객을 적는다.

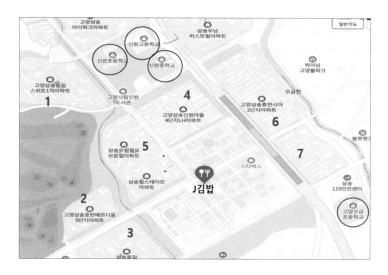

브랜드진단								
	상권	수	인원수	학교 개수	학생수	거리 (m)	회사	기타
주택	아파트	7 (500m)	4,000	4	3,600		1	
	일반 주택							

브랜드 상권 진단표

상권의 기본 정보를 파악했으면 두 번째는 흔히 입지라고 불리는 매장 접근성을 확인해야 한다. 이 매장의 위치는 아파트 단지 7개가 주위에 형성되어 있긴 하지만 J 김밥을 방문하기 위해선 전부 횡단보도를 건너야 하는 단점이 있다. 더욱이 횡단보도의 폭은 30m가 넘는다. 보통 차선 하나의 폭이 3~3.5m라고 가정하면 왕복 6차선이 넘는다.

고객 입장에서 김밥 한줄을 사기 위해 6차선 횡단보도를 오고가기 쉽지않다. 반경 500m 거리이기 때문에 차량으로 가기도 애매한 거리이고 심지어 매장에 주차도 불가능하다. 아파트 단지에 둘러쌓여 있는 유동인구가 많은 주택가 상권에 비해 접근성이 좋지 않다. 역시 브랜드 진단표에 상권은 좋지만 입지는 좋지 않다는 내용과 상권의 특성을 간략하게 적어둔다.

	특징
특성	상권은 좋지만 입지가 좋지 않다.(지하철역 도보 30분)
잠재 고객	초, 중고등학생+가족들(어린이집 4개)
상권	아파트 단지 7개에 둘러쌓여 있는 상권
입지	최소 왕복 6차전+횡단보도 2번, 매장은 도로변 위치, 주차가 되지 않는다.

서술형 상권 진단표(특성 파악용)

맛있어도 문닫는 가게 맛없어도 줄서는 가게

다음 단계는 경쟁업체 찾기이다. 많은 경우 경쟁업체를 찾으라고 하면 나와 동일한 아이템으로 국한하는 경우가 있다. 김밥집을 운영 중이면 김밥집만 경쟁업체로 삼는 식이다. 하지만 경쟁업체는 나의 잠재 고객이 내 매장 대신 시간과 돈을 지불할 가능성이 있는 모든 곳을 선정해야 한다.

 상권의 주고객인 10대 학생들과 그들의 가족들이 J 김밥에 가서 김밥을 사 먹는 대신 다른 곳에 가서 시간과 돈을 소비할 만한 모든 곳을 찾아야 한다. 여기서 경쟁업체라 함은 똑같은 아이템을 취급하는 동일업종과 비슷한 업종 즉 대안업종을 의미한다. 예를 들어 점심에 김밥과 라면으로 간단히 떼우려다 비슷한 가격의 점심 한정판매 햄버거 세트를 발견하고 햄버거 매장으로 발길을 돌리는 식이다. 그렇기 때문에 쉽게 찾을 수 있는 동일 업종보다 사업주가 발견하지 못하는 하지만 고객은 가치를 느낄 수 있는 대안업종을 찾아 경쟁업체로 선정하여 분석하는 것이 중요하다. 내 매장 대신 고객이 선택할 가능성이 높은 대안업종을 찾기 위해선 우선 내가 판매하는 아이템의 특징을 구체적이고 객관적으로 파악해야 한다. 그리고 그 장점을 가진 매력적인 다른 업종을 찾는 것이다.

우선 김밥의 특징과 장점을 정리해 보면 다음과 같다.

· 간편하게 먹을 수 있다(손으로도 먹을 수 있어 번거롭지 않다).

· 상대적으로 저렴하게 한 끼를 떼울 수 있다.

· 테이크아웃이 용이하다(포장이 과하지 않음).

· 건강하다.

· 어떠한 메뉴와도 어울릴 수 있다.

이 특징과 부합되는 상권 내의 경쟁업체를 지도상에서 찾아보면 동일한 카테고리인 동일업종 즉 김밥전문점은 5군데가 있다. 그다음 대안업체는 순대, 튀김 파는 어묵집, 유부초밥 전문점, 꽈배기집, 밥버거, 버거, 빽다방, 서브웨이 등 대안업체는 9군데가 있다.

그럼 이 중 최소 2~3곳 정도 장사가 잘되는 곳을 직접 방문해서 매장의 장·단점, 특징, J 김밥과의 차별점을 체크를 해야 내가 무엇을 잘하고 있고 무엇을 못하고 있는지를 한눈에 볼 수 있다. 경쟁업체 분석시 체크해야 할 항목을 보면 메뉴의 수, 가격대, 음식의 비주얼, 맛, 고객응대, 특징, 장점, 기타 개인의견 등이 있다. 이 항목을 J 김밥 인근의 1등 동일업종 매장인 S 김밥과 1

등 대안업종 B 버거의 분석을 통해 알아보자.

☑ **S 김밥 |** 메뉴의 수 김밥 13개 총 메뉴 50개, 가격대 3,500원 ~ 9,000원, 비주얼 10점 만점에 5, 맛 6점, 고객응대 5점 그리고 장점은 저렴한 가격, 접근성이 좋다. 특징은 만두에 특화된 김밥 전문점으로 표기한다.

☑ **B 버거 |** 메뉴의 수 20여개, 가격대 5,500원 ~ 15,000원, 비주얼 10점 만점에 8점, 맛 7점, 고객응대 5점, 장점은 편안하고 부담이 없다. 상권의 타깃고객인 10대들이 선호하는 메뉴들로 구성되어 있다. 특징은 전국적인 프랜차이즈이고 점심, 저녁 시간에 10대들이 유난히 많다라고 표기한다. 이걸 토대로 내 매장(J 김밥)이랑 비교를 해야 한다.

☑ **J 김밥 |** 김밥 메뉴 6개, 추가 메뉴 7개, 가격은 5,000 ~ 10,000원, 가격대비 비주얼 4점, 맛은 7점, 고객 응대 7점 그리고 장점은 친절함, 김밥이 맛있다, 건강한 이미지, 전문적인 이미지로 정리되었다.

브랜드진단			
	매장명		
	S 김밥	**B 버거**	**J 김밥**
메뉴 갯수	김밥 13개 총 메뉴 50개	20여개	김밥 6개, 총 13개
가격대	3,500~9,000	5,500~15,000	4,000~10,000
비주얼	5점/10점	8점/10점	4점/10점
맛	6점/10점	7점/10점	7점/10점
고객응대	5점/10점	5점/10점	7점/10점
장점	저렴한 가격 다양한 메뉴	편안하고 부담X 타겟고객 선호 메뉴	친절하다, 맛있다 건강한 이미지
특징	만두전문 분식집	전국적 버거 프랜차이즈	주차안됨, 비주얼X
기타	사장님이 늘 지쳐보임	10대들이 유독 많음	입지가 좋지 않다

브랜드 진단표(경쟁업체 분석)

　　경쟁업체 분석표 작성을 통해 내 매장을 경쟁업체와 비교하다 보면 한눈에 내 매장의 장점과 단점 그리고 특징들을 객관적으로 파악할 수 있게 된다. 이 표를 토대로 내 매장이 타 경쟁업체들에 비해 부족한 것이 무엇인지를 살펴보고 전략을 세워야 하지만 경쟁업체와의 비교만으로 전략을 세울 수는 없다. 경쟁업체와 비교를 통해 얻어야 할 것은 잘되는 경쟁업체를 따라하는 것이 아니다. 내가 할 수 있는 것과 없는 것을 구분하여 할 수 있는 것을 극대화하는 데 목적이 있다. 이 말뜻을 잘 이해해야 한다. 경쟁업체 분석표에 따르면 S 김밥의 경우 내 매장과 비교하여 메뉴 수도 많고 가격도 다양하고 저렴하다. 그리고 손만두가 전문인 다양한 메뉴를 파는 분식집이다. 여기서 흔히 실수를 하는 포인트가 있다. 바로 S 김밥을 따라해서 메뉴의 수를 늘리고 가격을 낮추고 만두같은 다른 메뉴들을 추가하는 것이다. S 김밥이 잘 되는 이유를 내가 가지고 있지 않은 것에만 집중하여 따라하게 되면 내 브랜드가 본래 가진 특징과 차별화를 무시하고 그저 그런 따라쟁이로 전락하게 되는 것이다. 모든 것을 다할 수 있는 브랜드는 없다. 경쟁업체 분석을 통한 내 브랜드 객관화의 목적은 할 수 없는 것에 힘을 쏟지 않고 할 수 있는 것의 장점을 극대화하여 차별화를 만드는 것이다.

J 김밥이 할 수 있는 것과 할 수 없는 것을 구분하면 다음과 같다.

J 김밥	
할 수 없는 것	할 수 있는 것(극대화)
매장 위치	친절하다
주차	맛있다
메뉴 수 증가	건강하다
가격 할인	음식 비주얼

브랜드 진단표(가능 여부 구분)

매장 위치는 바꿀 수 없다. 입지가 안좋고 주차가 안되는 것도 내가 노력한다고 해서 바꿀 수 없는 사항이다. 메뉴 수 또한 늘릴 수는 있겠지만 경쟁업체가 더 종류가 많고 경쟁업체의 입지가 J 김밥에 비해 더 좋기 때문에 단순히 메뉴의 수를 늘린다고 길 건너까지 J 김밥을 찾아 올 이유가 될 수는 없다. 더욱이 건강하고 정성스로운 김밥을 내세우는 J 김밥의 경우 메뉴의 수가 늘어나면 기존 메뉴들의 퀄리티 또한 상대적으로 낮아질 수밖에 없다. 현실적으로 메뉴의 수는 늘릴 수 없다.

메뉴 가격을 낮출 수는 있지만 건강하고 좋은 유기농 재료를 쓰고 있어서 내린다면 마진이 줄어들거나 김밥의 퀄리티가 낮아질 수밖에 없다. 메뉴 가격을 낮추는 것 역시 할 수 없는 영역에 들어가야 한다.

이제 해야할 일은 바꿀 수 없는 것은 인정하고 바꿀 수 있는 것을 극대화하여 장점으로 만들어야 한다. J 김밥이 할 수 있는 것들은 정해져 있다. 친절하고 맛있고 건강하다. 그리고 음식비주얼이 현재는 좋지 않지만 음식 비주얼은 얼마든지 높일 수 있다. 이 장점들을 극대화해서 차별화를 만들어 보자.

위치가 좋지 않아도, 메뉴 수가 많지 않아도, 주차가 되지 않아도, 가격이 저렴하지 않다. 그럼에도 J 김밥은 동네에서 가장 친절하고, 가장 맛있으며, 가장 건강하고, 가장 김밥의 비주얼이 좋은 김밥을 만들겠다는 목표를 가지고 어떻게 하면 이룰 수 있는지 고민해야 한다.

사업을 하는 많은 경우 내가 가지지 못한 많은 것들을 보완하려는 노력을 많이 한다. 하지만 단점의 보완보다는 이처럼 나만이 가지고 있는 장점을 극대화해서 다소 비싸도 기꺼이 찾아오는 브랜드를 만들어야 한다.

타깃고객
세분화 1

J 김밥의 예시처럼 브랜드를 진단할 때 간략한 상권분석을 통해 내 매장 주위에 누가 많이 거주하고 생활하는지 파악하여 내가 상품을 판매할 타깃고객을 정하고 그에 맞는 경쟁업체들을 선정해야 한다. 이제 브랜딩 성공 확률을 높이기 위해 이를 더욱 구체적으로 세분화하여 브랜딩과 마케팅에 적용하는 것에 대해 이야기 해보자.

타깃 세분화를 간단하게 정리하면 주타깃 고객층과 부타깃 고객층으로 나눌 수 있다. 주택가 상권이라고 모든 고객이 전부 학생들과 인근 주민들은 아니다. 인근에서 매장을 운영하는 다른 업종의 사장님이나 직원들이 될 수도 있고 학교의 교직원들이 될 수도 있고, 잠시 식사를 하거나 쉬고 있는 택시 운전기사들일 수도 있다. 하지만 이들은 주타깃층이 아닌 부고객층이다. 어떠한 사업을 하든 최대한 많은 고객을 유치하는 것이 중요하다. 주타깃과 부타깃을 나누는 이유는 주타깃 고객이 다수이기 때문이다. 이를 흔히 타깃 마케팅이라고 이야기를 하는데 지금 내 브랜드의 상품을 구매할 가능성이 높은 다수가 누구인지를 가장 먼저 결정해야 한다는 개념이다. 그렇다면 타깃이 제대로 세분화되지 않았을 때의 문제를 보자.

얼마 전 경기도 한 신도시 지역에서 대형 베이커리 카페를 9개월째 운영하는 사장님에게 메일을 받았다. 대기업 임원 출신의 남성분으로 20~30대 전부를 대기업에 근무하며 높은 연봉과 어느 정도의 사회적 명성을 얻으며 생활하다가 불안정적인 직장 생활보다 개인 사업의 꿈을 이루고자 사업을 시작한 경우다. 총 10억 원을 투자해 3층짜리 대형 베이커리 카페를 오픈하게 되었다.

대기업 출신답게 폭넓은 인맥을 활용한 지인들의 방문과 각종 마케팅 활용 등으로 오픈 한 달간은 문전성시를 이뤘다. 하지만 3개월 차부터 매출이 하락하기 시작하여 결국은 적자 카페로 전환이 되었다. 대출이자를 포함해 임대료, 인건비, 재료비 등 고정비만 해도 한 달에 5,000만 원이 넘는 사업이라 한 달에 최소 2,000만 원의 적자를 내면서 울며 겨자 먹기로 사업을 유지하고 있는 상황이다.

　국내 굴지의 대기업 출신의 엘리트가 10억 원이라는 막대한 비용을 투자한 사업에 왜 이런 일이 발생했을까? 많은 이유들이 있겠지만 대형 베이커리 카페에 대한 제대로 된 진단과 현 매장 상권에 맞는 명확한 타깃 고객 설정이 이루어지지 않았기 때문이다. 명확한 타깃 고객의 설정이란 무엇인가를 이해하기 가장 쉬운 곳이 바로 전국 지역마다 있는 고속도로 휴게소이다. 고속도로 휴게소를 예시로 타깃 세분화에 대해 이해해보자.

　1995년 고속도로 휴게소 민영화 이전의 휴게소는 말 그대로 운전 중 잠시 쉬어가는 곳 그 이상 이하도 아니었다. 화장실은 관리가 안되고 음식은 우동, 라면, 미니감자 정도가 전부이며 허기를 달래기 위해 억지로 입에 넣어 씹는 정도의 맛이었다. 하지만 민영화 이후 경제발전과 함께 고속도로망이 늘어나면서 휴게소의 서비스와 전체적인 질이 높아지기 시작했다. 특히 오늘날은 SNS의 발달과 각종 매스컴의 소개로 인해 휴게소별 시그니처 메뉴와 그 휴게소만의 특징 등 휴게소 간의 경쟁도 치열해지고 있다. 각자 휴게소만의 매력과 차별화를 만들어 내기 위해 많은 투자와 홍보를 하는 경우도 많다. 하지만 휴게소만큼 타깃 고객층이 확실한 곳도 없다. 장거리로 먼 길을 가는 가족, 여행객, 친구, 단체같은 주≠타깃 고객들을 상대하는 곳이 바로 휴게소이다. 이렇게 잠재 고객이 확실한 휴게소는 음식의 특징이 있다.

· 빠르게 제공된다 : 휴게소는 말 그대로 잠깐 들러서 쉬는 곳이기 때문에 아무리 음식이 맛있어도 시간이 걸린다면 고객은 떨어져 나갈 것이다.

· 다소 비싸다 : 가까운 거리에 경쟁업체가 없기 때문에 음식 가격 자체가 높게 형성된다(휴게소 영업수수료 문제도 포함).

· 셀프서비스 / 간편하다 : 음식가격이 비쌈에도 불구하고 셀프 서비스로 제공된다.

· 몇몇 메뉴를 제외하곤 맛이 없다 : 단골을 유치할 필요가 없다.

이러한 특징들은 바로 고속도로 휴게소를 찾는 주고객층이 여행객을 중심으로 한 장거리 운전자와 일행으로 명확하기 때문에 가능하다. 여행이라는 들뜬 마음에 다소 불편하고, 비싸고,

2장. 당신의 가게를 브랜드로 만드는 전략

셀프서비스임에도 불구하고 휴게소 음식점 이용을 일종의 '여행의 한 부분'이라고 생각하기 때문에 가능하다. 만약 우리 동네 먹자골목에 휴게소 음식점이 들어온다면 살아남을 수 있을까? 양평휴게소에서 먹었던 양평해장국 맛을 잊을 수 없어서 같은 맛을 연구하여 집 근처 상가에서 판매를 하면 잘 팔릴까? 절대 그렇지 않을 것이다.

여기서 주목해야 할 것은 휴게소를 방문하는 모든 사람이 여행객은 아니라는 것이다. 드물겠지만 휴게소의 맛집만을 탐방하는 음식 전문 기자나 블로거가 있을 수 있고, 휴게소에서 일하는 직원들, 인근 주민들도 휴게소 음식점을 이용할 수 있다. 또 휴게소 임직원들의 가족과 지인들이 될 수도 있다. 물론 이들도 소중한 고객이지만 엄밀히 말해 주고객은 아니다. 만약 휴게소에서 일하는 직원들이 "나는 음식이 좀 천천히 나와도 더 맛있고 정성스러운 음식이 좋아"라고 해서 그들의 의견을 수렴하여 휴게소가 운영된다면 어떻게 될까? 소수의 고객들은 만족시킬 수 있겠지만 전체적인 매출은 감소할 것이다. 왜냐하면 휴게소의 주고객들은 휴게소에서 1시간씩 앉아있고 싶어 하지 않기 때문에 다른 휴게소로 발걸음을 옮길 것이다. 이처럼 전국의 모든 휴게소들은 각자 경쟁을 하고 특징을 만들고 마케팅도 하지만 그 중심에는 주고객/타깃 고객의 성향과 니즈^{NEEDS}를 반영하여 운영을 한다. 휴게소 고객들은 맛있고 정성스러운 음식보다는 빠르고 가성비 있는 음식에 더 가치를 느낀다는 것을 인정하고 그 뿌리위에 차별화 포인트를 만드는 것이다.

간혹 음식점을 방문하면 메뉴가 이것저것 정신없이 많은 경우들을 볼 수 있다. 일하는 작업 동선과도 어울리지 않고 마진도 좋지 않으며 당장 빼도 아무 문제 없을 것 같은 메뉴들이 대부분이다. 메뉴의 종류가 많은 이유를 물어보면 "이것만 찾는 단골손님이 있어서 쉽게 메뉴를 뺄 수 없다"고 이야기하는 경우들이 있다. 하지만 이런 특수한(?) 메뉴를 찾는 것은 주고객층이 아닌 경우가 많다. 그런 소수 고객들의 의견을 모두 반영하다보니 매장의 특성을 잃고 이도저도 아닌 특색없는 브랜드로 전락한다. 다수를 차지하는 주고객 만족이 먼저이다. 무엇을 팔든 변하지 않는 진리이다.

베이커리 카페 사장님에게 타깃 고객이 설정되었냐고 물어보니 드라이브를 하는 유동인구가 많은 길목이라 괜찮을 것이라고 생각해서 창업을 결심했다라고 한다. 평생 모은 10억 원을 들여 사업을 시작했는데 괜찮을 것이라는 추측으로 결정을 한 것이다. 드라이브를 하는 유동인구가 많더라도 그 유동인구가 어떤 특성을 가진 고객층인지 먼저 파악을 했어야 한다. 커플들이 많은지, 가족단위가 많은지, 가장 많은 유동인구가 몰리는 시간대는 언제인지, 베이커리 카페를 지나가는 사람들이 더 외곽으로 빠지는 진입로로 가기 위해 지나가는 사람들인지 등을 고려했어야 한다. 그리고 세분화된 타깃이 원하는 니즈를 베이커리 카페에 적용하는 것이 먼저였어야 한다. 신도시 인근의 베이커리 카페는 대부분 뷰^{view}가 좋아 사진찍기 위해 오는 경우도 많다. 하지만 이곳은 그 어떠한 타깃 고객도 설정되지 않았다. 단지 유동인구가 많다는 이유만으로, 괜찮을 것 같다는 추측으로 거금을 투자해 사업을 시작 한 것이다. 이게 과연 베이커리 카페 사장님만의 사례일까?

"우리 음식은 맛있으니까 회사원도, 가족단위도, 혼밥족도 모두 좋아할 거야"라고 생각하고 음식을 판매하는 자영업자들이 정말 셀 수 없이 많다. 절대 그렇지 않다. 할머니가 끓여주신 정성스런 청국장은 대부분의 10대들이 좋아하지 않는다. 한우로 만든 수제버거와 생면 파스타는 대부분의 어르신들이 좋아하지 않는다. 그렇기때문에 화려한 놀이동산은 어르신들을 위한 상품 (놀이기구, 음식, 서비스) 기획을 하지 않는다. 종로의 생선구이 골목

맛있어도 문닫는 가게 맛없어도 줄서는 가게

은 10~20대를 위해 메뉴 개발을 하지 않는 것과 같은 이치이다.

어떤 종류의 사업을 하든지 내 브랜드와 매치가 되는, 내 매장 인근 고객들의 니즈와 어울리는, 관광지라면 관광지 고객과 어울리는 상품이 필요하다. 문제는 규모와는 상관없이 브랜드가 크든, 작든 셀 수 없이 많은 곳에서 주고객을 제대로 선정하지 않고 사업을 한다는 것이다. 아파트가 즐비한 신도시 인근에 근사한 파인 다이닝 레스토랑을 오픈할까? 지방에 농사하시는 어르신들이 주를 이루고 있는 매장에 피자 배달 가게를 오픈할까?

내가 파는 메뉴가 한계가 있어서 부족한 부분을 조금만 고쳐 나가면 매출이 더 오르고 손님들이 더 많이 올 거라고 생각할 수 있다. 냉면집에서 따뜻한 게 필요하다고 국밥을 만들어 팔고 고깃집에서 회를 파는 경우를 간혹 볼 수 있는 게 바로 이런 이유에서이다. 시골에선 한식만 팔고 도시에서는 파스타만 팔라는 이야기는 절대 아니다. 다만 내 상품을 누구에게 팔고 있고 우리집에 오는 손님들이 무엇을 기대하고 오는지를 기본으로 이해하고 있어야 한다는 뜻이다. 모든 사람을 만족시키려다가 내 브랜드의 70%를 차지하는 고객을 잃을 수도 있다. 내가 파는 주상품 무엇이며 주고객이 누구인지를 고민하는 것이 먼저이다.

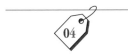

타깃고객
세분화 2

세미나와 강의 등에 참석하신 사장님들에게 타깃 고객이 있
냐고 질문하면 가장 많이 나오는 답이 '20~30대 여성'이다. 주고
객이 중요한 것은 알겠고 타깃 고객은 잡아야겠으니 사진도 많
이 찍고 SNS 활동도 활발히 하는 그리고 마케팅이나 각종 프로
모션에 참여도가 높은 20~30대 여성을 주고객으로 설정하는 것
이다. 문제는 20~30대 여성을 주고객으로 설정했는데 주고객이
무엇을 원하는지 전혀 이해하지 못하는 경우가 많다는 것이다.

우선 20대와 30대는 전혀 다른 세대이다. 20대 초반의 대학
생과 30대 중반의 결혼적령기의 회사원이 같은 생각을 하고, 같

은 상품을 원할 확률은 0에 가깝다. 백번 양보해서 학교로 범위를 좁힌다고 가정해도 같은 학교를 다니는 20세의 신입생과 24세의 4학년도 다르고 회사를 다니는, 사업을 하는, 취업을 준비하는 사람마다 다르다. 여성뿐만이 아니라 남성도 마찬가지다. 20~30대 여성만큼이나 많이 듣는 말이 '30~40대 남성'을 주고객으로 한다는 말이다.

현재 40대 중반인 필자야 반가운 소리지만 30대 초반의 남성이 과연 필자와 원하는 상품이 같을까? 조금 바꿔서 누군가 필자에게 40~50대 중년 남성을 타깃으로 한 상품을 추천을 하면 기분이 매우 나쁠 것이다. 이렇듯 20년을 어우르는 타깃 고객층 따위는 존재하지 않는다. 하지만 타깃 고객에 대해 물어보면 100에 98은 이런 식으로 답변한다. 이런 타깃 설정은 사업에 아무런 도움이 되지 않는다. 오히려 역효과를 일으킬 뿐이다. 주고객을 설정하기 위해선 훨씬 더 세분화된 타깃이 필요하다.

타깃을 세분화하여 설정하고 그 시장을 개척하는 방법을 카테고리별로 몇 개 소개하자면 다음과 같다.

1. 지역 세분화 : 서울에 거주하는, 강북에서 회사를 다니는,

성동구에서 학교를 다니는, 종로에서 취업을 준비하는...

2. 인구 분류 : 40대 남성, 30대 중소기업 회사원, 20대 취준생, 돌싱남, 해외유학경험자

3. 공유가치 : 축구매니아, 음악에 미친사람들, 독실한 크리스천, 자선활동에 활발한, 독서광, 스타트업 희망자, 여행중독자

4. 종사산업 : IT 종사자, 게임산업종사자, 유튜브 꿈나무, 회계사

5. NEEDS : 출판하고 싶은 사람, 인플루언서가 되고 싶은 사람, 소그룹의 리더가 되고 싶은 사람, 영어에 능통하고 싶은 사람, 사업하고 싶은 사람

6. 불만 : 열정 부족, 경제적 불만, 사회적(인간관계)불만, 사회불만, 가정불만 등

위의 카테고리를 가지고 고객을 세분화하다보면 내가 판매하는 혹은 판매하고자 하는 상품이 고객들의 필요를 충족시켜줄 수 있는 부분이 있을 것이고 그렇지 않더라도 약간의 변화로 가능하게 만들 수 있다. 예를 들자면 이런 식이 될 수 있다.

예) 서울 강북에서 회사를 다니는 음악에 미쳐 있으며 경제적

으로 불만이 있는 하지만 나중에는 유튜버로 성공하고 싶은 30
대 중소기업 회사원

　이런 식으로 타깃이 잡히면 이들이 공통적으로 원하는 것을
파악해서 충족시켜주는 상품을 판매해볼 수 있다. 내가 파는 상
품이 무엇인지는 상관없다. 내가 파는 상품이 커피든, 면도기
든, 책이든 간에 상품을 구매하는 순간 서울 강북에서 멀지 않은
곳에서 다양한 음악을 들을 수 있고, 성공한 유튜버들의 온/오프
라인 모임에 참석할 수 있으며, 경제적으로 어렵기 때문에 월 일
정금액 납입의 구독서비스로 결제가 가능하다면 세분화된 고객
에게는 매력적인 상품이 될 수 있다. 이 고객에게 맞춰진 상품을
가지고 브랜딩을 하고 마케팅을 하는 것이다.

브랜딩의 뿌리,
철학과 핵심 메시지

　내 사업체를 객관적으로 분석하고 파악을 하여 타깃 고객을 설정했다면 다음 단계는 브랜드를 브랜드답게 가꾸는 일 즉, 브랜딩Branding을 해야 한다. 브랜딩은 단순히 로고나 디자인을 넘어 브랜드의 철학을 만들고, 소비자와의 관계를 구축하는 과정이다. 오늘날 브랜드에 돈을 쓰는 사람들은 상품이나 서비스가 좋고 나쁨만을 고려하지 않고, 브랜드가 하고자 하는 말이 무엇인지, 브랜드의 철학과 신념에 공감하며 이 신념이 공감이 되었을 때 비로소 돈을 지불할 결정을 하게 된다. 따라서 사람들에게 사랑받는 매장이 되기 위한 브랜딩은 브랜드가 지니고 있는 철학과 신념을 만들어 내고 이를 사람들에게 전달하는 것에서부터

맛있어도 문닫는 가게 맛없어도 줄서는 가게

시작된다. 상품만 좋으면 됐지 무슨 철학이 중요하냐고 반문하는 독자들을 위해 몇 가지 예시를 들어보자.

브랜딩 하면 늘 예시로 나오는 아이폰을 만드는 애플Apple 사의 철학은 모두가 알다시피 '다르게 생각하라Think Different'로 요약될 수 있다. 애플 하면 아이폰과 관련 상품들이 떠오르지만 아이폰의 성능이 월등히 좋아서 구매하는 사람은 많지 않을 것이다. 디자인을 구매의 이유로 드는 소비자들도 있지만 애플이 자랑하는 디자인도 결국 '다르게 생각하라'라는 철학에서 나오는 것이다. 이 철학은 창의성과 혁신을 계속해서 강조하고, 그것이 애플의 디자인과 기능에서 명확히 드러나도록 한다. 더 나아가 복잡한 기술을 단순하고 쉽게 직관적으로 만드는 데 중점을 둔다. 이 철학은 애플이 전 세계에서 사랑받는 브랜드로 자리매김 하는데 핵심적인 역할을 했고 새로운 제품을 만들 때마다 같은 철학을 배경으로 만들게 된다.

어디를 가든지 사람이 바글바글한 스타벅스 매장에 단순히 커피가 맛있어서 가는 사람들은 아마 없을 것이다. 많은 책이나 매체들을 통해 소개가 많이 되었지만 스타벅스도 당연히 철학이 있고 신념이 있다. '인간 정신에 영감을 주고 육성하는 장소'

가 그것이다. 단순한 커피 판매를 넘어, 사람들이 휴식하고 소통할 수 있는 공간을 제공하는 데 중점을 둔다. 커피가 주(主)가 아니라 사람들이 공간을 즐길 수 있게 만들고 거기에 커피라는 상품을 끼워 넣은 것이다. 이러한 철학은 스타벅스 매장의 디자인, 서비스 방식, 커피의 품질에 모두 반영되어 있으며, 이를 통해 고객들에게 특별한 경험을 제공하고 있다.

애플과 스타벅스같이 세계적으로 규모가 있는 브랜드만의 사례가 아니더라도 브랜드의 확고한 신념으로 성공한 사례들은 무수히 많다. 작년(2023년)에 리브랜딩을 완료한 서울 오피스 밀집지역에 위치한 K 고깃집이 그 중 하나이다. 리브랜딩 전에는 주택가 밀집 지역에서 특수부위 전문점 맛집으로 유명세를 탔던 K 고깃집이 추가매장을 오피스 밀집 지역에 오픈을 하면서 생각한 신념은 '퇴근 후 지친 직장인들에게 해방감을 선물하는 고깃집'이었다.

오피스 밀집 지역 한복판에 복층이 가능한 천고가 높은 매장을 얻어 외관도 빨간색과 노란색, 화려한 조명으로 이목을 끌게 만들었다. 내부는 클럽을 연상하게 하는 복층으로 올라갈 수 있는 계단을 만들고 조명도, 음악도 클럽처럼 설치를 했다. 중앙부분을 오픈키친으로 만들어 그곳에서 사람들이 볼 수 있게 불쇼를 하며 특수부위를 초벌하였다. 다소 삭막한 오피스 밀집 지역 한복판에서 퇴근 후 지친 직장인들에게 클럽에 온듯한 해방감을 선물하고 싶다는 철학을 표현하였다. 그 매력을 인정받아 현재 5개 정도의 매장을 추가로 오픈한 케이스이다.

규모가 크든 작든 이들의 공통점은 신념이 말뿐이 아니라 사업을 존속하는 방향키라는 것을 알고 신념에서 벗어나는 정책이나 행동은 하지 않는다는 것이다. 신제품을 만들 때나 마케팅을 할 때, 고객에게 서비스를 제공할 때 그리고 직원들을 채용하고 관리할 때도 확고한 신념과 철학과 어긋나면 아무리 좋아보이는 상품이라도 만들지 않는다. 브랜딩의 뿌리는 확고한 신념이다. 그리고 이 신념을 일관적으로 얼마나 오랫동안 표현하느냐이다.

잘 만든 철학이 실패하는 이유
- 일관성의 부재

철학자 쇼펜하우어의 유명한 말 중 "인간의 행동에 이유(동기) 없는 행동은 없다"라는 말이 있다. 이 말을 자영업을 하는 입장에 맞게 번역해보자면 "특별한 동기 없이는 ○○ 삼겹살집에 갈 이유가 없다"라고 할 수 있을 것이다. 즉 내 매장에 손님이 오도록 만들기 위해서는 올 수밖에 없는 동기를 만들어 주어야 한다는 뜻으로도 해석할 수 있다. 그렇다면 매장에 오도록 하는 동기는 어떻게 만들어야 할까? 동기를 만드는 방법은 여러 가지가 있지만 가장 중요한 동기중 하나가 바로 '컨셉의 일관성'이다.

고객이 차별화된 브랜드라고 느끼는 요소인 컨셉의 일관성의 중요성과 처음 잡힌 컨셉이 일관되지 않고 변질되는 사례를 무한리필 브랜드의 예를 들어 이해해보자.

얼마 전까지 소고기 무한리필 프랜차이즈 본사와 여러 가지 일을 협업해서 진행했던 경험이 있다. 한 때 반짝였던 소고기 무한리필 브랜드들은 시대의 흐름에 따라가지 못하고 많이 쇠락하고 말았다. 물론 여전히 지역마다 높은 매출로 사업을 유지하고 있는 곳들도 존재한다. 하지만 프랜차이즈 사업적인 측면이나 대중적인 측면에서의 소고기 무한리필 브랜드들은 원물(고기) 가격의 지속적인 상승 등의 요인으로 인해 전체적으로 쇠락하고 있는 것이 틀림없다. 소고기 무한리필이 아니더라도 대부분의 무한리필이라는 타이틀을 걸고 사업을 하는 브랜드들이 쇠락하는 과정을 대략적으로 살펴보자.

무한리필 브랜드는 특성상 참치, 소고기, 연어, 랍스타 등 본래 비싸다고 인식되는 거의 모든 상품을 무한으로 제공한다. 그래서 오픈 초기에는 이슈화된 아이템으로 분류되어 소비자와 시장의 주목을 받게 된다. '매장을 운영하는 사업주 입장'에서는 상품이 수입산이든, 국내 유통구조를 개선했든 비싼 재료를 저렴한 가격에 납품을 받고 고객에게도 상대적으로 저렴하게 공급하게 되는 구조이기에 불만이 없다. '고객의 입장'에서는 평소 비싸게 사먹던 음식을 저렴하게 무한으로 먹을 수 있으니 고객들 사이에서 이슈화되고 해당 무한리필 브랜드는 커지게 된다. 하지만 무한리필은 특별한 기술이나 시스템이 아닌 유통구조의 변화로 만들어진 아이템이기 때문에 카피Copy가 아주 쉽다. 누구나 자금만 있으면 쉽게 매장을 오픈할 수 있는 구조이다보니 비슷한 브랜드들이 우후죽순으로 생기게 된다. 무한리필집이 많이 생기게 되면 수요와 공급의 법칙에 따라 저렴하게 공급이 되었던 상품 가격이 자연스럽게 오르게 된다.

저렴하게 공급받아 무한으로 공급하던 재료의 가격이 오르면 어떻게 될까? 매장을 운영하는 사업주 입장에서는 그게 무엇이든 주 아이템의 가격이 오르게 되니 메인메뉴와 관계가 없는 다른 아이템들을 같이 팔게 된다. 소고기 무한리필이란 타이틀을 걸던 브랜드에 돼지고기가 들어가고, 양념갈비가 들어가고, 연어 무한리필에 떡볶이가 들어가고, 참치 무한리필에 컵라면이 들어가는 이유가 전부 원재료 가격의 상승 때문에 어쩔 수 없게 되는 것이다. 그러다 보면 처음에 이슈화되었던 비싼 음식을 저렴한 가격에 공급한다는 무한리필의 장점은 사라지고 그저그런 뷔페형 식당으로 전락하면서 브랜드가 쇠락하게 되는 것이다.

브랜드를 운영하는 입장에서 보자면 과도한 경쟁, 카피^{Copy} 브랜드 등장, 원자재의 가격 상승 등의 문제가 발생하게 되고 그러한 문제를 직접적인 매출 하락의 원인으로 여기게 되지만 정작 중요한 문제는 그게 아니다. 장사는 소비자를 대상으로 하는 것이다. 가격이 오르든, 카피브랜드가 나오든 소비자는 공급자들이 신경쓰는 문제들에는 관심이 없다. 소비자가 브랜드에 대한 충성심이 떨어지는 이유는 애초에 그 브랜드를 찾았던 이유와 장점이 없어졌기 때문이다. 즉 소고기 무한리필인데 돼지고기가 나오고, 리필이 늦고, 사장이 소고기를 아끼는 것 같고 값이 저렴하지만 배만 부르게 하는 다른 요리들을 대신해서 제공하니까 매력을 느끼지 못하는 것이다. 이 장의 주제처럼 바로 컨셉이 일관되지 않은 것이 문제이다. 소고기 무한리필집에는 소고기를 먹으러 가는 것이 당연하다. 삼겹살을 많이 먹고 싶으면 삼겹살 무한리필집을 가는 것이고 참치를 먹고 싶으면 참치 무한리필집을 간다. 라면이 먹고 싶으면 라면 전문점으로 가겠지 무한리필에서 주는 라면은 반갑지 않은 것이다 다시 이야기 하지만 고객은 컨셉이 일관되지 않아서 매장을 방문할 동기가 무너지는 것이다.

이런 문제가 비단 무한리필만의 현상은 아니다. 많은 외식업 매장의 경우 신메뉴를 출시한다. 처음에 호기롭게 갈매기살 전문점을 했다가 매출이 저조하자 다른 아이템을 찾는다. 이베리코 돼지가 유행한다고 하자 이베리코 삼겹살을 같이 팔기 시작한다. 여기까진 괜찮을 수 있지만. 추운날 소주와 어울린다고 오뎅탕을 팔고, 오뎅이랑 떡볶이랑 어울린다고 떡볶이를 판다. 단골손님들이 원한다고 골뱅이 무침을 팔고 초기 컨셉과 전혀 어울리지 않는 이런저런 메뉴들을 판다. 이 집은 갈매기살 전문점일까? 분식집일까? 술집일까?

여기서 말하고자 하는 이야기의 핵심이 바로 이것이다. 지금은 다소 주춤해졌지만 한창 프리미엄 김밥 전문점들이 유행했던 적이 있다. 유행을 타고 유사 브랜드도 많이 생겨났었고 잘되기도 하고 많이 문을 닫기도 했다. 지금도 매장이 많이 남아있지만 몇 년 전만 해도 프리미엄 김밥집 하면 '바르다 김선생'이라는 브랜드가 선점했다. 매장에 가면 김밥하나는 제대로 만드는구나라는 생각이 절로 들게 매장이 기획되어져 있다. 크림치즈호두 김밥, 어린이아몬드 김밥, 매운제육쌈 김밥 등 이름만 들어도 비싸보이는 김밥들이 메뉴에 포진하고 있는 건 당연하고 김밥집 전면에 직접 짠듯한 이미지를 연출하는 참기름을 진열시켜 놓고 같이 판매를 했다.

맛있어도 문닫는 가게 맛없어도 줄서는 가게

김밥집에서 참기름을 왜 팔게 되었을까? 추가 매출을 올리기 위해서? 물론 그런 이유도 있지만 프리미엄 김밥집에서 '우리는 김밥에 들어가는 참기름을 비싸게 팔 만큼 좋은 프리미엄 참기름을 쓴다'라고 어필하기 위해서 판매를 하는 것이다. 안 팔려도 관계없다. 좋은 참기름을 가져다 놓는 것만으로도 좋은 김밥을 파는 김밥집으로 보여 질 수 있으니까! 프리미엄 김밥집의 컨셉의 일관성을 유지할 수 있으니까!

고깃집이든, 김밥집이든, 카페든 판매하는 상품이 중요하다. 하지만 그 전에 내가 하고자 하는 컨셉이 변하지 않고 일관되게 고객에게 어필되고 있는지 먼저 둘러보아야 한다. 메뉴와 컨셉을 이것저것 다양화하기보다는 내가 파는 메뉴, 내가 가진 컨셉을 명확하게 어필해야 한다. 변하는 컨셉은 더 이상 컨셉이 아니다. 그리고 그러한 브랜드는 실패할 수밖에 없다.

2장. 당신의 가게를 브랜드로 만드는 전략

브랜드의 날개
스토리텔링

잘 만들어진 철학을 가지고 타깃에 맞춰 마케팅을 하는 것이 브랜딩이라면 브랜드를 더욱 매력적으로 포장하는 작업이 바로 스토리텔링이다. 브랜딩에서 스토리텔링을 빼놓고는 완성된 브랜딩이라고 할 수 없다. 특히 자영업자에게는 더욱 그렇다. 사람들은 제품을 단순히 사는 것이 아니라 그 제품에 얽힌 이야기를 소비한다는 것을 이해할 필요가 있다. 커피숍을 운영한다고 가정해 보자.

풍미가 있고, 맛이 있고, 향이 좋고 좋은 원두를 사용해서 정성스레 로스팅을 했다는 정도로 커피를 파는 것은 너무 흔하다.

맛있어도 문닫는 가게 맛없어도 줄서는 가게

어느 카페를 가나 다 마찬가지이다. 스토리라는 것은 내가 마시는 커피가 어디서 왔고, 어떻게 만들어졌으며 무슨 가치를 제공하는지를 매장에 방문하는 고객이 자연스럽게 알게 되는 것이다. 그리고 알게 된 가치를 다른 사람들과 공유하면서 대중들이 브랜드 자체에 매력을 느끼게 된다.

○○ 카페에서는 조금이라도 상한 원두가 있다면 일일이 손으로 골라내고 온전한 원두만을 선별하여 중배전으로 로스팅을 해서 산미를 극대화시켰다. 그리고 이 커피 한잔당 한 달에 1,000원을 채 벌지 못하는 에티오피아 커피 농부들에게 50원의 수익을 돌려준다와 같은 이야기로 풀어내는 것이다. 커피 한 잔을 마시는 순간, 손님은 그 이야기의 일부가 된다.

오해하면 안되는 것이 스토리텔링은 단순히 재미있는 이야기를 만들어 내는 것이 아니다. 브랜드 스토리 자체에 브랜드의 가치와 철학이 사실을 기반으로 만들어져야 하고 내 브랜드를 고객에게 매력적으로 전달하는 수단이 되는 것이 바로 스토리텔링이다. 나의 가게가 어떤 가치를 추구하는지, 왜 이 일을 시작하게 되었는지, 어떤 과정을 거쳐 지금의 모습이 되었는지를 이야기로 풀어내야 한다. 이 과정에서 진정성이 중요하다. 가짜로 꾸며낸 이야기는 금방 들통나기 마련이다. 진정한 나의 이야기, 내 가게의 이야기를 전해야 한다.

브랜딩의 스토리텔링은 손님들과의 연결고리를 만들어 준다. 커피뿐만이 아니라 빵집이라면 단순히 맛있는 빵을 만드는 것만으로는 부족하다. 빵을 만들게 된 계기, 빵을 만들 때 사용하는 특별한 재료, 그 빵을 통해 전달하고 싶은 메시지가 필요하다. 순대국을 파는 집이라면 순대국 이야기, 순대를 만드는 사람의 이야기 등 아이템에 관계없이 파는 상품에 전달하고 싶은 메시지를 담아 이야기로 만들어야 한다.

스토리텔링이 중요한 또 하나의 이유는 손님들에게 기억에 남는 경험을 제공한다는 점이다. 대부분의 노포들은 스토리가 있다. 아버지와 어머니가, 할아버지와 할머니가 젊은 시절부터 단골이었다는 이야기부터 좋은 재료를 공수하기 위해 매일 새벽시장에 나가서 일일이 재료를 고른다는 이야기 등 스토리의 종류는 천차만별이다. 손님들은 그 스토리를 듣고, 단순히 음식을 먹는 것에서 그치는 것이 아니라 브랜드에 담겨져 있는 이야기를 경험하게 된다. 브랜딩과 마찬가지로 스토리텔링을 이야기 할 때 그 이야기가 진실되고 일관성이 있어야 한다. 오늘은 이런 이야기를 하고, 내일은 전혀 다른 이야기를 한다면 손님들은 혼란스러워할 것이다. 브랜드가 추구하는 가치와 철학을 중심으로 일관된 이야기를 만들어야 한다. 하지만 많은 경우 심지어 규모가 큰 브랜드조차도 확실한 스토리를 가지지 못한 채 좋아 보이는 남의 것을 베끼다 보면 이도 저도 아닌 일관성이 없는 스토리를 내세우는 경우들이 많다.

좋은 품질의 가성비 좋은 화장품을 가치와 스토리로 내세운 M사의 화장품은 가치를 인정받아 중저가 화장품으로 인기를 끌었다. 하지만 2010년대 중반에 원래 내세우던 스토리와는 정반대의 고급화 전략을 시도했다. 이 과정에서 화장품의 가격을 인상하고, 고급스러운 이미지를 강조하는 마케팅을 펼쳤다. 사람들이 M사의 화장품을 좋아하던 이유는 좋은 품질의 저렴한 가격이라는 특성 때문이었다. 하지만 고객 입장에서 고급화된 화장품은 이미 많이 있는데 굳이 고급 화장품을 구매하기 위해 M사를 찾을 이유가 없어졌다. 그로인해 결과적으로 매출 감소와 브랜드 충성도 하락으로 이어졌다.

브랜딩도, 스토리도 신중하게 정해야 한다. 그리고 한번 정해지면 일관되게 한 목소리를 내야 한다. 사람이든, 브랜드든 이랬

다저랬다 일관성이 없으면 외면받기 마련이다. 이 시점에서 오해할 수 있는게 일관성이 있다는 말이 변화하지 않아야 한다는 뜻은 아니다. 이야기는 지속적으로 업데이트되어야 한다. 한 번 이야기를 만들어서 끝나는 것이 아니라, 핵심은 유지한 체 끊임없이 이야기들을 덧붙여야 한다. 이와 관련해서는 뒤에서 자세히 다루겠다.

이처럼 스토리텔링은 브랜딩의 날개이다. 브랜드의 핵심이 철학이면 이 철학을 매력적인 포장지인 스토리로 포장을 하는 것이다. 그렇게 되면 내 브랜드는 단순한 소비의 장소가 아니라, 손님들과의 특별한 연결을 만들어 내는 공간이 될 것이다. 손님들은 그 이야기에 감동하고, 재미를 느끼고 다른 사람들에게 소개시켜 주고 싶어지고 더 깊이 연결될 것이며, 이는 결국 사업의 지속성을 높여 줄 것이다.

브랜드 컨셉 표현과 업그레이드

나에게 맞는 브랜드 컨셉을 만들고 그 컨셉을 일관되게 유지하는 것 이상으로 중요한 것이 컨셉을 표현하는 것이다. 대한민국 자영업 시장에서 외식업은 누가 어떤 아이템을 가지고 온다 해도 기본적으로 경쟁이 아주 치열한 레드오션이 될 수밖에 없는 구조이다. 그렇기 때문에 완전히 새로운 컨셉이나 메뉴가 나오는 것도 현실적으로 어렵다. 가격을 획기적으로 낮추기는 더욱 어렵다. 돈을 들여 마케팅을 해도 영향이 미비하며 초기에 어렵게 이슈화가 된다 해도 경쟁업체들의 벤치마킹 대상이 되기 쉬운 것이 현실이다.

무엇을 하든 포화상태이기 때문에 브랜드는 명확한 컨셉을 유지해야 하고 그 컨셉을 고객에게 적극적으로 표현하고 보여주어야 한다. 하지만 컨셉이라는 것이 시각적으로 보여지기가 어렵기 때문에 많은 브랜드들이 디자인에 신경을 쓰는 것이다. 시각적인 것이 꼭 인테리어 디자인, 로고, CI, BI에 국한되는 것이 아니라 다양한 방법으로 브랜드 컨셉을 시각적으로 표현하는 방법을 찾아야 한다.

90년대에 학창시절을 보낸 사람들은 그 당시 신발의 신화 나이키 에어맥스AIRMAX 시리즈를 잘 알 것이다. 요즘은 주춤하긴 하지만 불과 몇해 전까지만 하더라도 30년 넘게 신발계의 핫아이템으로 군림했었다. 전 세계적인 스포츠회사 나이키에서도 에어조던 시리즈와 함께 매니아층이 가장 탄탄한 브랜드이며 수십년 동안 효자상품으로 꾸준히 판매되던 신발이 바로 에어맥스 시리즈이다. 로고나 CI가 아니라도 에어맥스 하면 떠올릴 수 있고 지금도 꾸준히 유지되는 시각적인 고유의 상징이 있고 이 상징은 여전히 고객들에게 표현되고 노출되고 있다. 바로 에어맥스 시리즈만이 가지고 있는 에어쿠션을 눈으로 신발 발꿈치 쪽에서 볼 수 있도록 외부로 노출시킨 것이다.

이게 바로 나이키 에어맥스의 상징이 되었다. 에어맥스 시리즈의 신발의 디자인은 제각각이지만 에어맥스만의 브랜드 컨셉(에어캡이 외부에서 보이는 것)을 유지한 채 디자인의 변화를 추구하고 업그레이드한 것이다. 이 사례를 대한민국 외식업으로 옮겨와 보자. 수년 전 올갱이 해장국으로 건물을 세운 해장국 전문점을 다녀온 적이 있다. 이 올갱이 해장국집의 해장국은 전국에서 찾아갈 만큼 맛있는 집이라고는 할 수 없다. 그냥 어디서나 먹을 수 있는 올갱이 해장국보다 조금 진한 국물 맛 정도라고 표현하는 것이 어울리는 정도의 맛이었다. 물론 맛 외에 여러가지 장점들이 있지만 이 올갱이 해장국집도 가지고 있는 장점을 브랜드 컨셉으로 만들어 적극적으로 시각적으로 표현했다. 어떻게? 바로 해장국에 들어간 올갱이가 눈에 보이게 제공하는 방식이다.

다른 집에 비해 올갱이가 많이 들어있지도, 올갱이가 다른 집에 비해 특화된 것도 아니었다. 하지만 보통의 올갱이 해장국의 경우 작은 올갱이가 국물에 섞여서 보이지 않는 것이 일반적인 반면 이곳은 해장국 위애 부추를 잔뜩 올리고 그 위에 올갱이를 눈으로 보이게 수북히 올렸다. 말만 올갱이 해장국이 아닌 진짜 올갱이가 들어간 걸 표현해서 사람들에게 진짜 올갱이 해장국집이라는 이미지를 만들어 준 것이다.

나이키의 에어맥스도 마찬가지다. 나이키 에어맥스1 출시 이전 에어맥스1과 신발의 성능이 100% 똑같은 에어테일윈드라는 신발을 출시 한 적이 있지만 이 신발은 아는 사람이 거의 없다. 말 그대로 크게 실패했는데 에어테일윈드와 에어맥스1의 유일한 차이점은 신발의 에어캡이 밖에서 보이는가 아닌가의 차이밖에 없다. 시각적으로 표현했느냐 안했느냐의 차이가 30년간 베스트셀러가 되느냐 그저 그런 신발로 묻히느냐의 차이가 시작이 되었다.

내가 운영하는 브랜드 그것이 무엇이든 분명히 특징이 있을 것이다. 그 특징을 외부로 보여주는 것이 중요하다. 나만 알고 있는 컨셉은 아무 의미가 없다.

여러 사업자의 사장님들을 만나면 맛있고 퀄리티 좋고 특징 있는 상품을 판매하는 분들이 많은데 불행히도 정작 그걸 보여주는 곳은 많지 않다. 그 특징을 분명히 보여주어야 한다. 그것이 후각적일 수도, 촉각적일 수도, 느낌적일 수도 있지만 브랜드 시작의 단계에서는 시각적인 것이 가장 효과가 크다. 그렇기 때문에 시각적으로 표현되어야 하고 혹 보여질 수 있는 상징이 없다면 억지로라도 만들어야 한다. 상징이 생겼다면 그것이 해장국의 올갱이든, 나이키의 에어든 지속적으로 업그레이드가 될 필요가 있다. 상징은 유지한 채 말이다.

간혹 신메뉴 하나로 혹은 시그니처 메뉴 하나로 한순간 대박을 치고 이슈화가 되는 경우가 많다. 예전에 TV 프로그램에서 맛집이라고 소개되는 곳들을 보면 비주얼이 압도적인 경우가 대부분이다. 너무 많은 해물이 들어가 뚜껑이 닫히지도 않고 살아있는 낙지가 탈출을 시도하는 산더미 해물탕부터 녹여진 치즈를 램프에 담아와서 손님상에서 길게 치즈를 부어주는 퍼포먼스를 해주는 음식같이 자극적인 메뉴들을 매일매일 TV나 유튜브, 인스타그램같은 매체를 통해 사람들에게 시각적으로 어필한다. 하지만 그런 음식점들이 짧게는 몇 개월 길게는 1~2년 후 더 이상 맛집으로 소개가 되지 못하는 이유는 지속적인 업그레이드가 이루어지지 않고 단발성으로 끝나기 때문이다.

우연히 혹은 실력으로 메뉴 하나가 빵! 터지고 난 후 인기가 사라지면 금세 전혀 관계없어 보이는 메뉴가 나온다. 혹은 비슷한 메뉴를 출시했을 때 반응이 예전같지 않으면 최초 컨셉이랑 거리가 먼 새로운 메뉴를 선보인다. 이래서는 그냥 이것저것 파는 특색없는 집이라고만 각인될 뿐이다. 음식점이든, 신발이든,

옷이든, 책이든, 영화든 베스트셀러 상품(메뉴)을 만들기 위해서는 핵심을 유지한 채 업그레이드가 필수이지만 이 과정에서 대부분 포기한다.

컨셉을 유지하면서 업그레이드하는 예를 하나 더 소개해 보려 한다. 바로 BMW 이야기이다. BMW를 보면 고유의 로고를 제외하더라도 사람들이 모르는 상징적인 특징들이 곳곳에 있다. BMW 시리즈를 보면 뒷자석 유리창의 곡선 디자인이 다른 차들과는 다르다는 것을 확인할 수 있다. 이 뒷면 유리창에 있는 BMW 시리즈의 시그니처 디자인인 호프마이스트 킨크 Hofmeister kink는 BMW 시리즈만의 차별점을 시각적으로 표현하고 있다. 이를 비롯하여 BMW만의 자동차 문 닫히는 소리, 그르렁거리는 엔진소리 등은 BMW 사운드 팀에서 모든 시리즈에 동일하게 적용한다. 이러한 이유로 시리즈가 바뀌고 등급이 올라가도 BMW 하면 동일하게 떠오르는 이미지가 있는 것이다.

숯불이 상징인 고깃집이라면 숯불의 틀과 장점을 유지한 채 숯불을 활용할 수 있는 메뉴들을 지속적으로 업그레이드해야 한다. 숯불갈비, 숯불비빔밥, 숯불갈비냉면같은 것들이 그 예시가 될 수 있다. 김밥이 상징이라면 속 재료를 바꾸는 것에서만 국한되지 않고 김도 바꿔보고 기름도 바꿔보고 모양도 맛도, 조리 방법도 지속적으로 바꿔봐야 한다. 단 김밥이 가진 고유의 상징과 장점은 유지한 채 말이다.

전에 직접 참여했던 떡볶이 프랜차이즈 브랜딩에서 떡볶이라는 상징에 닭을 추가하고 인테리어와 닭떡볶이라는 컨셉의 메뉴 구성으로 차이를 두었던 적이 있다. 떡볶이라는 상징이 고객의 기대에 벗어나지 않는 선에서 차이를 두었다. 떡볶이라는 핵심은 유지하고 닭이라는 다른 이미지를 넣어본 것이다.

혹시 커피 하면 무엇이 떠오르나? 자동차 하면 무엇이 떠오르나? 이제는 사람들이 내 브랜드 하면 무엇이 떠오를까를 고민하고 떠올렸으면 하는 이미지를 만들어 고객에게 각인시켜야 한다. 누구나 내 매장을 떠올릴 수 있는 브랜드화는 분명 쉽진 않다. 하지만 불가능은 아니다. 누구나 할 수 있다. 내 브랜드의 상징을 시각적으로 만들어 내는 것이 어려운 이유는 이런 식의 사고와 노력을 해 본 경험이 없기 때문이다. 자영업의 특성상 하루 종일 매장에서 10시간 이상씩 일하며 육체적으로 노동을 하고 맛있게 음식을 개발하는 식의 노력은 늘 하지만 어떻게 브랜드 컨셉을 시각적으로 보여질 수 있을까의 고민은 하지 않는다.

"브랜드 컨셉은 어떻게 만들어요?", "그 컨셉을 시각적으로 표현하는 방법은 무엇인가요?"라는 질문을 개인적로 종종 받는다. 대답을 하자면 "해 보기 전엔 모른다"이다. 맛있고 새로운 메뉴를 만들기 위해 누군가는 몇 날 며칠 밤을 새기도 하고 전문가를 찾아가보기도 하고 온라인이나 책으로 공부를 하기도 한다. 그리고 돈을 들여 재료를 사서 만들고 버리고를 수십 번씩 반복하기도 한다. 하지만 브랜드 컨셉을 만드는 일에는 그리고 그걸 시각적으로 표현하는 방법에는 그 정도의 노력을 기울이지 않는다.

브랜드의 컨셉과 상징을 만드는 일에 왕도는 없다. 다른 어떤 일처럼 꾸준히 해보는 수밖에 없다. 다행히 이건 돈이 들지 않는다. 실패해도 아무런 리스크가 없다. 많이 해보고 다른 곳들을 보고 될 때까지 만드는 것이 방법이다.

맛있어도 문닫는 가게 맛없어도 줄서는 가게

신념으로 성공한 자영업자
- 도토리 키친

제주도 공항 근처에 가면 제주도 청귤소바로 유명한 도토리 키친 이라는 곳이 있다. 이곳에 방문한 분들이 공통적으로 느끼는 감정 은 바로 '상큼하다'라는 감정일 것이다. 냉소바라는 메뉴 자체가 시원하고 상큼한 이미지를 가지고 있다. 거기에 제주 특산물 청귤 을 넣어 듣기만 해도 일반적인 소바보다 더 상큼할 것 같은 이미 지를 준다. 이미 먹기 전부터 음식에 대한 기대와 즐거운 상상을

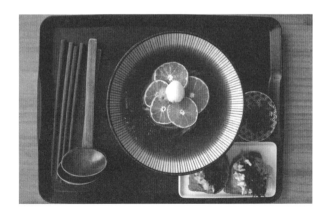

하게 되고 비주얼로도 이미 상큼함이 느껴지는 유명 맛집이다.

특히나 제주 재래귤인 청귤은 일년에 딱 45일, 8월 1일 ~ 9월 15일에만 출하되고 제주 내에서도 제한된 곳에서만 재배를 할 수 있기 때문에 제주에 와서만 먹을 수 있다는 기대감까지 더해진다. 실제로 이 곳에서 개발한 청귤소바 육수는 다른 곳에서는 느낄 수 없는 맛과 향을 자랑한다.

도토리키친의 신념은 하나다. 대다수 고객이 여행객인 제주 공항 인근에서 여행에서 느끼는 상큼함을 청귤소바로 극대화하는 것이다. 이에 메뉴와 재료, 지역적 특성이 잘 어우러져 브랜드를 아는 사람은 시원하고 청량감을 느끼게 된다. 개인적으로도 도토리키친을 알고 있었고 아내와 아이에게 소개시켜주고 싶고 맛 보여주고 싶어서 몇차례 다녀왔던 기억이 있다. 당연히 맛이 있으니 가족들을 데리고 가고 싶었던 것이고 브랜드의 스토리를 알고 먹으니 더 맛있게 느껴지기도 했다. 2살박이 둘째 딸이 직접 짜낸 100% 제주 감귤쥬스는 안 마시고 청귤소바 국물을 음료수처럼 마신 것만 봐도 얼마나 상큼한지 알 수 있다.

간혹 매장에서 메뉴를 만들고 출시를 할 때 시각적인 마케팅을 고려해서 비주얼이나 스토리에 너무 올인을 하는 경우들이 있다.

맛있어도 문닫는 가게 맛없어도 줄서는 가게

그러한 경우 스토리와 비주얼에 그리고 그것들이 알려진 마케팅을 통해 손님이 단기간 몰렸다가 이내 거품이 꺼지기 일수이다. 반대의 경우로 맛은 있는데 스토리와 비주얼이 매력적이지 않거나 알려지지 않아서 단골들만 좋아하는 경우들이 있다. 도토리키친의 경우 비주얼과 스토리, 맛 모두를 잡은 케이스이다. 또한 매장도 소바를 파는 매장 같지 않게 카페라고 해도 될 정도로 깔끔하고 사진찍기 좋은 소품들과 분위기를 갖추고 있고 그 장점들을 인스타나 온라인에 홍보도 적절히 잘 하고 있는 매장이다.

지역적 특색을 다 갖춘 스토리와 비주얼, 맛과 마케팅까지 잘 어울린 매장이기 때문에 장사가 안될 수 없는 매장이고 실제로 필자와 지인들도 몇 번이나 만족하고 왔다. 이미 유료 광고를 진행하지 않아도 제주도에 방문하는 관광객들의 필수 코스 중 한곳으로 자리를 잡은 매장이다. 제주도에 다녀올 계획이 있다면 꼭 한번 들려보면 많은 인사이트와 맛있는 음식을 즐길 수 있을 것 같아 소개를 한다.

2장. 당신의 가게를 브랜드로 만드는 전략

3장

자영업자 마케팅의
모든 것

마케팅이란
무엇인가

마케팅은 광고인가? 마케팅의 필요성을 이야기 할 때마다 빠지지 않고 듣는 질문이다. 맞는 말이다. 다만 광고는 마케팅에 한 가지 수단일 뿐이지 마케팅 자체가 광고를 의미하지는 않는다. 브랜딩의 정의에서 이야기 한 것처럼 나만의 차별점/나다움Being myself이 준비 되었을 때 그것을 외부로 알리는 모든 방법이 바로 마케팅이다. 아무리 좋은 것도 사람들에게 알리지 않으면 소용이 없는 것처럼 마케팅은 잘 만들어진 브랜딩을 알리는 스피커이다.

마케팅이 필요하다는 것은 누구나 알고 있지만 정작 마케팅

맛있어도 문닫는 가게 맛없어도 줄서는 가게

이 무엇인지 이해하고 마케팅을 준비하는 경우는 많지 않다. 마케팅은 많은 사람들의 생각처럼 광고 자체에 국한되는 것이 아니라 상품이나 서비스를 소비자에게 알리고 판매하는 모든 활동을 의미하는 넓은 개념이다. 고객 수요를 찾기 위한 다양한 방식의 시장조사, 사람들이 좋아할 만한 제품 개발, 유통, 고객 서비스, 전단지 배포, 온라인 플랫폼 활용SNS 등 나만의 차별화를 표현할 수 있는 모든 방법들이 전부 마케팅이다.

예를 들어보자.

앞에서 알아본 J 김밥의 사례에 적용한 브랜드 진단표에서도 설명했듯이 어떠한 상품을 판매하든 그 상품을 구매하는 주고객층이 존재한다. 떡볶이는 대부분 아이들이 좋아하고, 돋보기는 중년 이상의 연령대의 어르신들이 주고객일 것이며, 화장품은 여전히 여성들이 주고객일 것이다. 이처럼 내가 팔고자 하는 상품은 주고객층이 존재한다. 하지만 모든 상품에 주고객층이 명확한 것이 아니기 때문에 상품을 출시하기 전에 주고객을 파악하기 위한 시장조사가 필요하다.

시장조사를 위해 하는 다양한 활동들, 시장조사에 응해주는 고객들에게 사은품을 주는 행사가 될 수도 있고 무료 시식회나 무료 쿠폰을 제공할 수도 있고 체험단이나 기자단같은 활동을 할 수도 있다. 이처럼 주고객층을 파악하는 시장조사를 위한 모든 활동 또한 마케팅의 한 부분이다.

타깃에 맞는 독특한 제품 개발 또한 마케팅이 될 수 있다. 머리숱이 많은 남성들 특히나 머리카락 자체가 힘이 있고 직모인 사람들의 고민은 다양한 헤어스타일을 연출하지 못한다는 것이다. 조금만 머리를 기르면 덥수룩해지고 직모의 특성상 옆머리가 붕 떠서 짧은 헤어 외에는 소화할 수 있는 헤어스타일이 별로 없다. 옆머리가 뜨는 것을 눌러주는 다운펌이라는 시술이 있지만 가격이 4~5만 원 정도이고 이마저도 2~3주 후면 원래의 모습으로 돌아온다. 머리숱 많은 것이 축복이라고 주위에서 이야기하지만 정작 당사자는 스트레스이다.

이러한 사람들을 위해 몇 년 전 출시된 상품이 있다 바로 '옆머리 누르기'라는 상품이다. 비싼 다운펌 가격과 한정된 헤어스타일에 분노하는 사람들을 위해 옆머리만 눌러주는 상품을 개발한 것이다. 지금은 많이 진화하여 제품에 열선도 깔리고 충전도 되지만 초창기 보잘 것 없는 모양의 옆머리 누르기는 투박하고 완성도가 떨어지는 모습이었다. 하지만 광고를 딱히 하지 않있는데도 주고객층들의 전폭적인 지지와 입소문으로 마케팅 효과를 톡톡히 누렸었다.

그 밖에도 이미 마케팅이라고 알고 있는 각종 온라인 광고(인스타그램, 당근마켓, 네이버광고, 온라인 카페활동, 유튜브 등)와 오프라인 광고(전단지, 지역행사 후원, 라디오, TV) 등 광고의 수는 헤아릴 수 없을 정도로 다양하다. 이처럼 우리가 생각하는 것 이상의 넓은 범위의 브랜드를 알리는 방법이 전부 마케팅이다.

마케팅이
어려운 이유

마케팅이 가지고 있는 진짜 의미와는 별개로 요즘 자영업자들에게 마케팅이란 그저 온라인SNS 마케팅이라고 여기는 경향이 있다. 여러 온라인 채널을 통해 내 브랜드가 알려지기만 하면 될 것이라 여기고 유튜브, 인스타그램, 페이스북, 당근마켓 등 할 수 있는 모든 플랫폼에서 브랜드를 알리는데 여념이 없다. 하지만 유튜브와 인스타그램을 필두로 한 SNS와 디지털 플랫폼은 일반적으로 알고 있는 레거시미디어(전통적인 미디어 TV, 신문 등)와 달리 변화가 매우 빠르다. 또한 기존에 존재하는 플랫폼들 외에 새로운 플랫폼들이 끊임없이 생겨난다. 하루가 멀다 하고 새로운 기능들도 업데이트되다 보니 적응하기에 어려움을 느껴 포기하는

맛있어도 문닫는 가게 맛없어도 줄서는 가게

경우도 많이 생긴다.

 하루 종일 사업에 열중하기에도 시간이 모자란 상황에서 여러 가지 플랫폼을 배우고 익힌다. 하지만 사람들에게 매력적인 컨텐츠를 생산해야 하는 부담감에 눌려 마케팅의 중요성은 알면서도 포기를 하게 된다. 그렇다고 마케팅 대행사에 맡기려 하니 믿을 수 있는 업체인지도 확신이 없고 돈 낭비일 것 같단 생각에 포기하는 경우가 부지기수다. 하지만 시시각각 변화하고 새로워지는 디지털 플랫폼도 결국 본질은 존재한다.

 어떠한 온라인 마케팅 툴이든 본질은 사람들에게 정보를 알리는 게 핵심이라는 것이다. 인스타그램의 기능과 원리를 잘 파악하고 사람들이 좋아할 만할 사진을 찍는 법을 습득하여 자유자재로 인스타그램을 활용할 수 있는 능력을 가지고 있어도 결국엔 사람들에게 내 브랜드를 알리는 수많은 방법 중에 한 가지를 아는 것뿐이다. 내가 잘 활용할 수 있는 마케팅 플랫폼이 인스타그램이든, 유튜브이든, 블로그이든 혹은 다른 플랫폼이든 앞으로 계속해서 마케팅 활용이 가능한 새로운 SNS 도구들은 탄생할 것이다. 그리고 그때마다 새로운 플랫폼에 적응하는 것은 결코 쉬운 일이 아니기 때문에 많은 사람들이 마케팅은 어렵다라고 느끼게 된다. 하지만 진짜 마케팅 즉, 타인에게 정보를 알리는 것은 SNS 플랫폼들이 존재하기 훨씬 전부터 존재했다.

"앞집 사과나무의 사과가 다른 곳보다 맛있데 빨리 가봐"
"건너 마을에 김서방집 셋째 딸이 이 마을에서 제일 예쁘데"

이런 류의 정보교환은 기술의 발전 여부와 관계없이 존재해왔다. 구전 또는 입소문이라고 불리며 말이다. 오늘날 미디어와 디지털 플랫폼은 이 구전을 확장하는 역할을 한다. 시간이 지나며 구전에서 편지와 신문으로, 그리고 다시 전화로, TV로, 이메일로 오늘날에는 다양한 플랫폼을 통해 시간과 공간에 관계없이 정보를 제공할 수 있게 되었다. 이처럼 시대에 따라 마케팅을 알리는 도구들이 바뀌었을 뿐이지 마케팅의 본질 자체가 변한 것은 아니다.

상담을 하다보면 "어떠한 매체가 홍보에 도움이 될까요?"라는 질문을 받는다. 하지만 홍보에 도움이 되는 매체는 정해져 있지 않다. 유튜브가 유행이라 하니 유튜브를 했다가 인스타그램이 트랜드라 하니 인스타그램을 하고 블로그가 진성 고객이 많다고 블로그를 하는 건 아무런 도움이 되지 않는다. 매체를 고민하기보다 어떻게 대중들에게 알릴 것인가를 고민하는 것이 먼저이다. 정말 맛있고 가성비 좋고 한 번 방문한 사람은 모두 만족하는 음식을 팔고 있다면 예전처럼 입소문만으로도 충분하다. 신규 손님을 단골로 만들 수 있다는 확신이 있다면 첫 손님은 공짜로 제공하는 이벤트를 해도 된다. 온라인 마케팅이 대중적이긴 하지만 그렇다고 마케팅의 전부는 아니다. 가장 효과있는 마케팅 방법같은 것은 없다. 나에게 맞는 마케팅 방법이 있을 뿐이다. 내 브랜드가 정말 고객에게 매력이 있는지를 먼저 점검하고 오프라인으로 할 수 있는 다양한 방법들을 고민한 후 온라인 마케팅을 하고자 한다면 다음에 설명할 온라인 플랫폼별 특성을 이해하고 나에게 맞는 플랫폼을 활용하도록 하자.

온라인 마케팅과
오프라인 마케팅

유명한 마케팅 강사나 마케팅 대행사, 마케팅 전문가라고 칭하는 많은 사람들이 마케팅에 대해 이야기 할 때 인스타그램, 유튜브, 블로그같은 온라인 마케팅에 대해서만 강조한다. 하지만 고객과 면대면의 비즈니스가 중요한 대한민국 자영업시장에서는 온라인과 오프라인, 이 두 가지 마케팅을 적절히 조화롭게 활용하는 게 중요하다.

우선 온라인 마케팅부터 이야기해보자. 사람들이 강조하듯이 자영업자들에게 온라인 마케팅은 필수이다. 거의 대부분의 소비자들이 인터넷에서 정보를 찾고, 리뷰를 읽고, 상품이나 서비스를 비교하고 정보를 얻기 때문이다. 이러한 현상에 뒤처지지 않으려면 자영업자 또한 온라인에서 존재감을 보여야 한다.

방법은 여러 가지가 있다. 여건이 허락된다면 홈페이지나 블로그같은 온라인 플랫폼을 운영하는 것이 사업에 분명 도움이 된다. 여기서 중요한 건 단순히 홈페이지나 블로그 계정을 만들어서 브랜드를 알리기 위한 메뉴 사진, 가격, 매장 위치같은 매장 정보만을 지속적으로 올리는 것이 아니다. 소비자들이 자주 찾는 키워드를 잘 활용해서 플랫폼 자체가 검색이 많이 되도록 만들어야 한다.

흔히 캠핑 바베큐 전문점이라고 하면 고기와 캠핑 요리 관련한 컨텐츠만을 지속적으로 올리다가 금세 지치게 된다. 현재 팔고 있는 메뉴나 상품, 매장의 이미지만을 올리는 것은 좋지 않다. 캠핑 자체에 대한 정보, 노하우, 캠핑 용품, 캠핑 팁같은 다양한 컨텐츠를 지속적으로 업로드해서 캠핑에 관심을 가지고 있는 사람들로 하여금 우선 내 페이지를 방문하게 하는 것을 목표로 삼아야 한다. 캠핑 바베큐 매장의 매출은 그 이후이다. 필자도 운동을 전문으로 하는 사람들을 위한 소고기를 온라인으로 판매하는 사업을 4년 정도 운영했던 경험이 있다. 그 당시에도 소고기에 대한 정보나 컨텐츠도 물론 업로드했지만 운동하는 사람들에게 필요한 각종 정보, 식단, 운동복, 운동 방법 등 다양한 컨텐츠를 만들었다. 많은 사람들이 관심을 갖도록 하는 일에 집중을 했었다. 내 상품을 먼저 알리는 것이 아니라 내 상품에 관심을 가질만한 사람들에게 다양한 정보를 우선 제공해서 신뢰를 쌓고 신뢰가 쌓인 후 상품을 노출하면 자연스럽게 매출은 발생하게 되어있다.

이처럼 내 사업과 관련된 소비자들이 검색을 많이 하는 키워드를 잘 활용하면 타깃 고객에게 상위에 노출될 확률이 높아진다. 그리고 그것이 고객 방문으로 이어지기 때문에 홈페이지와 블로그를 만들어 운영하는 것은 분명 효과가 있는 마케팅 방법이다. 하지만 개인사업을 하면서 홈페이지 제작이나 블로그를 운영하는 것이 말처럼 쉽지만은 않다. 홈페이지 구축과 관리에 적게는 수백만 원이 들어간다. 블로그는 많은 비용이 들진 않지만 양질의 정보와 글을 지속적으로 업로드해서 운영해야 유지가 된다. 그래서 규모있는 기업체에서도 어려운 것이 바로 블로그 운영이다.

이러한 이유로 홈페이지와 블로그 운영이 어려운 대다수의 오프라인 매장을 운영하는 자영업자들을 대상으로 만들어진 플랫폼이 있다. 손쉽게 그리고 간편하게 자영업자의 홈페이지 역할을 대신 하는 '네이버 스마트플레이스'이다.

스마트플레이스를 한 단어로 표현한다면 '온라인 간판'이라고 할 수 있다. 오프라인 매장에 실물 간판이 있다면 스마트플레이스는 온라인상에서 내 매장을 꾸미고 눈에 띄게 만드는 온라인간판, 온라인 인/익스테리어라고 할 수 있다. 스마트플레이스라는 온라인 간판만 잘 활용해도 매장을 홍보할 수 있는 방법들이 많이 있다. 그렇기 때문에 다른건 몰라도 스마트플레이스는 오프라인 매장을 운영하는 사람이라면 반드시 해야 한다. 스마트플레이스가 없다는 것은 간판, 메뉴판, 인테리어 없이 장사하는 것과 같은 의미이다. 온라인 마케팅에서 가장 기본이고 필수이다.

계속해서 언급되고 있는 다양한 온라인 플랫폼들을 통해 사람들에게 브랜드를 알려야 한다. 또 즉각적으로 온라인상에서 고객과의 소통을 활용하여 고객들의 피드백을 받아야 한다. 얼굴을 보고는 할 수 없는 의견이나 이야기들을 댓글이나 DM 메시지를 통해 바로 피드백을 받을 수 있고, 신속하게 대응할 수 있다. 간혹 악플이나 체리피커(자신의 실속만 차리는 얌체같은 사람) 혹은 진상고객들의 공격도 받을 수 있지만 잘만 활용한다면 실보다 득이 더 많은 것이 바로 SNS 마케팅이다.

이메일이나 카카오톡 메시지를 활용한 마케팅도 무시할 수 없다. 각종 이벤트나 서비스를 통해 단골 고객들을 유치하고 개인정보 동의를 얻은 고객 리스트를 구축해야 한다. 그리고 정기적으로 할인, 이벤트나 프로모션 등의 혜택을 제공하며 고객과의 관계를 유지하고 더 나아가 신규 고객을 유치하는 데 큰 도움이 된다. 단, 혜택을 제공할 때는 고객이 스팸처럼 느껴지지 않도록 유용한 정보나 혜택이 반드시 가치가 있어야 한다.

이제 오프라인 마케팅으로 넘어가 보자. 온라인 마케팅이 전부인냥 여겨지는 시대이긴 하지만 오프라인 마케팅은 고객과의 직접적인 대면과 경험을 통해 고객에게 다가갈 수 있는 좋은 방법이다. 가장 기본적이고 전통적인 오프라인 마케팅 방법으로는 전단지나 포스터를 제작해서 배포하는 것이다. 고객과의 관계형성을 위한 각종 모임, 산악회, 조기축구, 맘카페 모임같은 곳에 적극적으로 참여하는 것도 도움이 된다. 지역 축제나 이벤트에 스폰서를 하거나 활동을 하는 것들은 직접 예비 고객들과 만날 수 있는 좋은 기회가 된다. 또, 쿠폰이나 할인권을 제공해서 고객이 가게를 방문하게 유도할 수도 있다.

원론적인 이야기일 수 있지만 자영업자는 고객과의 신뢰를 쌓는 게 무척 중요하다. 오프라인에서 고객에게 친절하고 성실하게 대하면 자연스럽게 입소문이 나게 되고 그것이 정말 강력한 마케팅 도구가 된다. 특히나 동네장사에서는 말이다.

요즘은 사람들이 무언가를 사거나 서비스를 이용할 때 다른 사람들의 추천을 많이 참고한다. 오프라인상에서는 지인들의 추천이 될 수도 있고 온라인상에서는 실제 방문했던 고객들이 남긴 리뷰를 보고 소비를 결정하기도 한다. 그래서 좋은 서비스와 제품을 제공하는 것 자체가 가장 기본적인 마케팅 전략이 될 수 있다. 또, 고객과의 관계를 유지하기 위해 정기적인 이벤트를 여는 것도 좋다. 예를 들어, 고객 감사 이벤트나 정기적인 세일, 회원 전용 혜택 등을 제공하는 것도 오프라인 마케팅이 될 수 있다.

결론적으로, 자영업자가 성공하기 위해 마케팅을 해야 한다면 온라인과 오프라인 마케팅을 모두 조화롭게 운영해야 한다.

온라인에서는 SNS, 웹사이트, 이메일 마케팅 등을 통해 넓은 범위의 고객에게 접근하고, 오프라인에서는 직접적인 대면과 경험을 통해 고객과의 신뢰를 쌓아야 한다. 이 두 가지를 잘 활용하면 자영업자도 충분한 경쟁력을 갖출 수 있을 것이다.

맛있어도 문닫는 가게 맛없어도 줄서는 가게

온라인 마케팅의
종류

이제 대한민국에서 주로 마케팅에 활용되는 온라인 플랫폼은 어떠한 것들이 있는지, 각 플랫폼별 특징을 간략하게 알아보고 활용 방법을 살펴보자.

인스타그램

2024년 기준 전세계 20억 명, 대한민국 1,925만 명(세계15위)의 사용자가 있는 플랫폼이다. 현시점 대한민국에서 가장 활발하게 운영되고 있는 플랫폼이다. 시각적인 요소에 강점을 둔 것이 특징이다. 네이버 블로그가 텍스트기반, 유튜브가 동영상 기반인 반면 인스타그램은 사진과 짧은 동영상 기반의 플랫폼이다.

누구나 무료로 가입할 수 있고 활용할 수 있지만 사진과 짧은 영상이 주된 플랫폼이다 보니 소위 사진 잘 찍는 사람들이 초창기에 많이 주목을 받았다. 인스타그램에 맞게 잘 찍은 사진 즉, 인스타그래머블(인스타그램에 어울릴만한)한 사진과 영상을 찍는 계정들만 주목받게 되어있는 구조이다. 반면 인스타그래머블한 시각적인 게시물을 올릴 능력이 없는 계정은 아무리 게시물을 올려도 광고 효과를 볼 수 없는 플랫폼이기도 하다.

짧은 시간 시각적으로 주목을 끌 만한 사진 등으로 홍보를 해야 하니 화장품, 인테리어, 의류같이 시각적인 장점이 있는 상품들을 홍보하기에 유용한 플랫폼이다. 외식업체들도 인스타그램에 사진이 잘 나올 메뉴들을 만들어서 경쟁하듯 컨텐츠를 올리기도 한다. 사진 찍는 것에 소질이 있거나 시각적인 상품을 만들 수 있는 능력과 재능이 있다면 인스타그램을 적극 활용해서 마케팅에 활용하는 것이 좋다.

인스타그램의 연장선에서 운영하는 쓰레드Threads라는 텍스트

기반의 소셜미디어 플랫폼도 있다. 2023년 7월에 출시되어 현재 대한민국에서 가장 핫한 SNS 플랫폼 중 하나이다. X(구 트위터)와 비슷한 텍스트 중심의 소셜 미디어로 280자를 쓸 수 있는 X에 비해 500자로 늘어난 글쓰기와 이미지, 동영상 등을 공유할 수 있는 특징이 있다.

인스타그램 계정을 기반으로 작동하여 인스타그램 팔로워 리스트를 그대로 가져와 팔로우할 수 있는 것이 가장 큰 특징이다. 인스타그램에 비해 간단하고 직관적이며, 텍스트, 이미지, 비디오 등의 콘텐츠를 빠르고 자유롭게 공유할 수 있다. 사진과 영상 기반인 인스타그램 활용에 어려움을 느끼는 사람들이 인스타그램의 사용자를 그대로 가지고 와 텍스트 위주로 간결하게 활용이 가능하다. 현재 사용자가 급속도로 늘고 있으며 트렌드에 민감한 콘텐츠를 빠르게 배포하는 데 유리하다.

다른 SNS 플랫폼들과 마찬가지로 쓰레드도 광고 및 마케팅 도구로 발전할 가능성이 높다.

유튜브

2005년에 설립된 유튜브는 전 세계에서 가장 인기있는 동영상 플랫폼이다. 매일 수억 명의 사람들이 다양한 영상을 제작하고 시청하며 동영상 제작에 정해진 형식이 따로 없어 제품 리뷰, 튜토리얼, 브이로그, 라이브 스트리밍, 교육영상 등 다양한 형식의 콘텐츠를 만들 수 있다. 개인의 역량에 따라 다양한 마케팅 전략을 구사할 수 있는 플랫폼이다.

구독자 수십~수백만 명을 보유한 인기 유튜버의 경우 공중파 TV에 광고하는 것 이상의 섭외 비용이 들어가기도 한다. 초등학생 장래희망 1, 2위가 유튜버일 만큼 영상제작자, 시청자 모두에게 가장 임팩트 있는 플랫폼이기도 하다. 또한 유튜브는 구글이 소유하고 있는 플랫폼으로 마케팅에 적절히 활용하면 구글 검색에서 높은 순위를 차지할 수 있다. 전 세계적인 플랫폼이기 때문에 해외 잠재 고객을 대상으로 마케팅을 진행하기도 쉽다.

스마트폰으로 간단하게 촬영, 편집, 영상 업로드까지 가능하다. 컨텐츠를 만들어 꾸준히 업로드할 수 있다면 직접 채널을 개설하거나 제품에 어울리는 유튜버를 섭외해서 홍보를 의뢰하는 등의 방법으로 활용할 수 있는 플랫폼이다.

네이버 블로그

블로그는 대한민국 독보적인 1등 포털 기업인 네이버에서 운영하는 플랫폼인 만큼 자영업자들에겐 필수인 플랫폼이다. 개인이 계정을 만들어서 '블로거'가 되면 각종 글과 사진 영상 등을 올릴 수 있기에 인스타그램과 유튜브와 비슷할 수 있다. 하지만 네이버는 철저히 텍스트 기반의 플랫폼이다. 자극적인 영상이나 사진보다는 글 위주의 컨텐츠를 생산하고 글의 내용을 보완하기 위해 사진이나 영상을 활용하는 방식이다.

강남에서 데이트하기 위해 네이버에 '강남에서 데이트하기 좋은 분위기 있는 카페'를 검색하면 비슷한 키워드의 블로거들이 올린 블로그 컨텐츠들이 노출이 되고 그 컨텐츠들로부터 정보를 얻게 되는 방식이다. 글 쓰는 것에 취미가 있거나 영상이나 사진 등 시각적인 요소보다 글이 더 친근한 사람이라면 블로그 계정을 만들거나 상위의 블로거들을 섭외하여 마케팅을 진행할 수 있다.

실제로 자영업 시장에서 마케팅 대행사라고 불리는 곳들이 마케팅을 의뢰받고 하는 업무 중 가장 핵심적인 역할이 바로 사업장의 정보를 대신 작성해주는 블로거들을 모집하는 역할이기도 하다.

네이버 스마트플레이스

앞서 짤막하게 소개했듯이 네이버 스마트플레이스는 내 브랜드만을 온전히 소개할 수 있는 마케팅 플랫폼이다. 하지만 엄밀히 말하면 플랫폼이라기보다는 내 매장만을 온전히 소개해주는 온라인 매장, 온라인 간판이라고 표현하는 것이 맞다.

음식점을 오픈한다고 가장해보자. 수천만 원에서 수억 원을 들여 인테리어를 한다. 외부 익스테리어도 고객에게 매력적으로 보이게 하기 위해 투자하고 사람들의 눈에 띄기 위해 간판을 설치한다. 외부에서 노출이 잘 되지 않는 위치에 매장이 있다면 화려한 조명 설치는 기본이다. 차들이 지나가는 길목에 위치해 있다면 대형 간판도 설치를 한다. 화려한 배너를 매장 전면에 설치하기도 하고 매장의 상호를 보여주는 커다란 풍선인형이 춤

추면서 매장을 알리기도 한다.

이런 노력들을 하는 이유는 내 매장 앞을 지나다니는 사람들의 이목을 끌기 위함이다. 이렇게 오프라인에서도 사람들에 눈에 띄기 위해 하는 돈과 시간과 노력을 투자하는데 온라인에 대한 의존도가 갈수록 높아지는 지금은 당연히 온라인에서도 동일한 시간과 노력을 투자해야한다(다행히 오프라인 만큼의 투자는 필요치 않다). 스마트플레이스는 바로 온라인을 떠도는 사람들에게 내 매장을 보여주는 온라인 간판이 되는 것이다.

그 외의 온라인 마케팅

☑ **네이버 카페** | 맘카페나 각종 동호회, 모임 등을 관장하는 온라인 모임 공간으로 관심사가 비슷한 사람들끼리 모여 있어서 타깃 마케팅을 하기에 용이하다.

☑ **당근마켓** | 거주하고 있는 생활권 내의 지역 주민들을 대상으로 광고를 할 수 있는 플랫폼이다. 지역 주민들에게만 노출이 되기 때문에 지역 단골손님들을 유치해야 하는 자영업자들에게 유용한 플랫폼이다.

그 밖에 페이스북이나 틱톡, 엑스(구 트위터) 등 다양한 플랫폼
들이 있지만 모든 사람이 전부 이용하는 플랫폼은 존재하지 않
는다. 개인마다 선호하는 미디어가 다르기 때문에 나에게 혹은
잠재 고객이 좋아할 만한 미디어를 찾아서 꾸준히 집중하는 전
략을 세워야 한다.

맛있어도 문닫는 가게 맛없어도 줄서는 가게

온라인 마케팅의 활용 1
- 스마트플레이스

스마트플레이스가 온라인 간판이자 온라인 매장이라고 했지만 누구에게나 보여지는 간판은 아니다. 오프라인 매장의 간판이나 외관도 매장 앞을 지나가는 사람에게만 보이는 것처럼 스마플레이스 역시 마찬가지다. 온라인 간판인 만큼 온라인상의 매장 앞을 지나가는 사람들을 대상으로 노출된다. 그리고 그 길은 검색을 통해서만 찾아갈 수 있다.

'가족들과 외식하기 좋은 천호동 맛집', '데이트하기 좋은 파주 카페'같은 키워드를 입력하면 해당 내용에 부합하는 매장들이 네이버상에서 노출이 된다. 사람들은 상위에 노출된 매장을 찾아서 클릭하고 정보를 얻는다. 앞에서 언급했듯이 특정 키워드를 입력했을 때 매장의 네이버플레이스가 상위노출을 하기 위한 전쟁 아닌 전쟁을 마케팅 회사들이 하고 있는 것이다. 물론 상위노출이 중요하지만 더 중요한 건 매장 정보를 클릭했을 때 고객이 원하는 정보가 얼마나 충실하게 소개되어 있느냐이다.

'가족들과 외식하기 좋은 천호동 맛집'을 검색해서 상위노출되어 있는 스마트플레이스를 들어가보니 메뉴 사진도 별로 없고, 주차가 되는지도 알 수 없고, 인근 다른 집보다 무엇이 더 나은지도 모르겠는 등 노출만 되어있을 뿐 충분한 정보가 없다면 말 그대로 온라인에서만 방문하고 실제 방문으로 이어지지는 않는다.

고객 입장에서는 '내가 원하는 목적에 딱 맞는 매장인가?'가 궁금할 것이다. 이 매장이 주차가 되는지, 가족들끼리 조용하게 먹을 수 있는 룸이 있는지, 아이를 위한 하이체어가 구비되어 있는지, 매장이 시끄럽진 않은지, 음식은 실제로 어떻게 나오는 지가 궁금할 수도 있다. 이러한 이유로 네이버플레이스에서는 최대한 많은 정보를 담아야 한다. 그 많은 정보들이 최대한 자세하게 매력적으로 구축이 되어있을 때 비로소 상위노출이 되고 고객 방문으로 이어질 수 있다.

그렇다면 어떤 정보들을 어떻게 매력적으로 만들어야 하는 걸까? 우선 스마트플레이스는 내 매장을 소개하긴 하지만 엄밀히 따지면 내 소유물이 아니라 네이버의 소유라는 것을 이해하는 것에서 시작해야 한다. 아무리 정보를 다양하게 올리고 소개하더라고 네이버플레이스는 네이버에서 승인을 하지 않으면 상위에 노출할 수가 없다.

회사원이 회사가 좋아하는 일을 해야 월급이 오르고 승진하는 것처럼 스마트플레이스 역시 네이버가 좋아하는 일을 해야 상위에 노출될 수 있다. 단순히 사진 몇 장 올리고 주차 가능이라고 하는 걸로는 부족하다. 네이버가 하라는 대로 해야 노출이 될 수 있다. 이러한 네이버가 좋아할 만한 일들을 스마트플레이스에 적용하는 일련의 과정을 네이버플레이스 지수를 올린다라고 표현한다. 이 지수가 상승할수록 일정 키워드를 검색했을 때 내 매장이 상위노출될 수 있는 확률이 높아진다.

스마트플레이스 지수를 높일 수 있는 항목들을 한번 살펴보자.

☑ **사진 & 영상** | 고객에게 제공할 수 있는 매장의 가치를 눈으로

보여주는 것으로 스마트플레이스에 있는 사진과 영상에 매력을 느껴 매장 방문을 선택하게 해준다. 총 1장에 큰 사진 혹은 영상과 4장의 작은 사진으로 구성할 수 있으며 가장 큰 화면에는 영상을 넣는 것이 매력적으로 보여질 수 있다.

화봉족발 네이버 플레이스 사진

☑ 소개글 | 우리 매장의 스토리, 매장이 있는 차별점, 특징 등 최대 2,000자를 소개할 수 있다. 최대한 매력있고 재미있게 그리고 차별성 있게 작성해서 사람들이 소개글을 읽는 동안 오랫동안 스마트플레이스에 머물러 있으면 네이버에서 '좋은' 매장으로 인식하여 상위노출을 시켜줄 확률을 높여준다.

맛있어도 문닫는 가게 맛없어도 줄서는 가게

'빛날' 화 '봉우리' 봉

화봉족발의 첫 시작은 경기도 화성시 봉담읍이었습니다.
그곳에서의 초심을 평생 기억하고자 화봉이라는 이름을 지었습니다.

지금부터 족발계의 빛나는 최고봉이 될 화봉족발에서
고객님들께 드릴 3가지 가치를 소개하고자 합니다.

1. 강남에서 가성비게 이용할 수 있는 프라이빗한 룸이 있는 식당

친구들과 소중한 사람들과 편안하게 모임하고 만날 장소를
찾고 계신가요?

그렇다면 선릉역족발맛집 화봉족발 선릉본점을
반드시 주목해주세요!

화봉족발 선릉본점은 오픈된 테이블부터,
연인이 즐기기 좋은 2인석, 그리고 단체로 모임하기 좋은
프라이빗한 룸까지 다양한 자리가 마련되어 있습니다.

네이버 예약을 이용하시면 얼마든지 편하게
내가 원하는 자리를, 원하는 요일에 이용가능합니다.

네이버 예약시 주차3시간 무료 지원되니
혜택 꼭 놓치지 마세요!

2. 강남 선릉역 회식 장소를 찾고 계시다구요?
그럼 완전 주목해주셔야죠!!

화봉족발 매장 스토리

☑ 소식 | 매장의 소식, 이벤트, 신메뉴 출시, 휴무일 공지 등 매장에서 고객들에게 안내하는 소식을 공유한다.

알림 1.22~2.8 평일 휴무시간 변경 안내
설 전 1.22~2.8일까지 평일은
오전 11시부터 오후 3시까지만 브레이크 타임 없이 운영합니다.
(3주간은 저녁에 사장님이 공부하러 가서 양해부탁드립니다 😅)

더 맛있고 멋있는 엔쵸비로 돌아오겠습니다! ^
2024.01.22.

엔쵸비블루스 매장 소식

3장. 자영업자 마케팅의 모든 것

☑ **지도** | 주소, 주변 정류장, 주변 주차장, 찾아오는 방법을 작성할 수 있다. 찾아오는 방법은 자차로 오는 법, 지하철로 오는 법, 버스로 오는 법, 도보로 오는 법 등을 주소 기반으로 안내하여 네이버 지도(네비게이션)로 바로 연동하게 한다.

☑ **예약** | 네이버 예약, 캐치테이블같은 타 예약 애플리케이션과 연동하여 예약을 할 수 있는 기능이다.

☑ **네이버 톡톡** | 스마트폰에서 메시지로 실시간 문의/응답할 수 있는 기능이다.

☑ **네이버주문/N Pay 결제** | 고객이 매장에 방문하여 스마트폰으로 주문하고 결제하면 네이버플레이스와 연동되어 있는 매장의 네이버플레이스 지수가 상승하여 상위노출이 되고 각종 수수료 혜택도 받을 수 있다. 그리고 바로 온라인상의 영수증 리뷰로 연계되어 진짜 돈을 지불한 고객의 평가를 다른 고객이 볼 수 있게 된다.

그 외 고객 알림받기같은 부수적인 것들이 있다.

이 모든 기능들을 최대한 활용해서 선순환이 되어야만 네이버 스마트플레이스가 상위에 노출될 수 있다. 어렵게 느껴지긴하겠지만 다행인 것은 위에 언급된 모든 것들을 충실하게 지정해 놓은 곳은 100곳 중 10곳도 되지 않는다. 심지어 큰 돈을 지불하는 마케팅 대행사에서도 제대로 하는 곳이 많지 않은 것이현실이다. 반대로 말하면 앞에서 설명한 방법처럼만 하면 상위10% 이내의 네이버 스마트플레이스 마케팅을 할 수 있다는 말이다.

3장. 자영업자 마케팅의 모든 것

온라인 마케팅의 활용 2
- 인스타그램

자극적이고 시각적인 것을 좋아하는 세대, 긴 이야기보다는 숏폼으로 불리는 10초 내외의 영상들을 즐겨보는 세대에게 가장 적합한 것은 인스타그램이다. 사진과 동영상을 중심으로 한 소셜미디어 플랫폼으로 사용자가 비주얼 콘텐츠를 통해 자신의 이야기를 전달할 수 있는 도구이다.

인스타그램의 가장 큰 특징 중 하나는 시각적 콘텐츠에 중점을 두고 있다는 점이다. 네이버 블로그나 스마트플레이스가 텍스트를 통해 정보를 제공한다면 인스타그램은 텍스트보다는 이미지를 통해 소통한다. 운영 중인 브랜드의 강점이 인테리어나 사진찍기 좋은 메뉴, 컬러감 등 시각적인 요소에 있다면 브랜드를 알리고 표현하는 데 매우 유리한 도구가 될 수 있다. 인스타그램에서의 시각적 요소는 팔로워들의 관심을 끌고, 브랜드 인지도를 높이며 고객과의 소통을 한층 강화하는 데 효과적이다.

인스타그램은 해시태그(#)기능을 통해 원하는 키워드를 검색하고 찾을 수 있기 때문에 사용자들이 관심 있는 주제나 트렌드를 해시태그만으로 찾아볼 수 있다. 그리고 그 원하는 키워드에 맞는 이미지나 영상을 보여주는 것이다. 특정 키워드에 시각적인 요소를 잘 어필할 수 있다면 자신들의 제품이나 서비스를 쉽게 홍보할 수 있다.

많은 사람들이 인스타그램을 홍보의 도구로 사용하는 이유는 몇 가지가 있다. 첫 번째는 접근성이 뛰어나다는 것이다. 누구나 무료로 계정을 만들어서 사용할 수 있으며 복잡하거나 어려운 사용법이 별로 없어 클릭 몇 번만으로 쉽게 콘텐츠를 업로드할 수 있다.

두 번째는 인스타그램은 타 플랫폼에 비해 팔로워들의 반응을 즉각적으로 확인할 수 있어서이다. 인스타그램 사용자들은 다른 소셜 미디어 플랫폼에 비해 사용자들이 게시물에 더 자주, 더 많이 반응하는 경향이 있다.

세 번째는 다양한 유료광고를 어렵지 않게 할 수 있다는 점이다. 매력적인 사진과 영상들을 업로드하여 팔로워들이나 관련 키워드를 검색하는 사람들에게 브랜드를 어필할 수도 있다. 또한 내가 원하는 예산에 맞춰 인스타그램 특정 타깃 그룹을 대상으로 한 맞춤형 광고를 실행할 수 있다. 예를 들어 성별, 특정 연령대, 거주지역, 특정 관심사를 가진 타깃을 원하는데로 설정하고 광고 집행기간, 광고 집행금액을 설정하여 내 제품이나 서비스에 가장 관심이 높을 것 같은 고객층에 집중적으로 광고를 노출할 수 있다.

네 번째는 인스타그램 스토리와 릴스^{Reels} 같이 24시간 동안만 팔로워들에게 잠깐 노출되고 사라지는 기능들을 통해 일시적인 콘텐츠로 실시간 소통이 가능하다. 가망 고객(신규 고객이 될 가능성이 있는 사람)들의 즉각적인 반응을 유도할 수 있다는 점이다.

물론 인스타그램 마케팅의 단점도 존재한다. 애초에 자극적이고 시각적인 매력에 끌려 방문한 사람들을 지속적으로 방문하게 만들려면 더 높은 수준의 사진이나 동영상을 지속적으로 제작하고 업로드해야 한다. 인스타그램을 한동안 활용하다가 마케팅 활동을 중단하는 사례가 많은 것도 이 때문이다. 또한 경쟁이 치열하다. 사용자가 많고 진입장벽이 낮은 만큼 수많은 브랜드와 개인들이 인스타그램을 통해 마케팅 활동을 하고 있다. 그렇기 때문에 자신만의 독특한 콘텐츠와 전략이 없다면 눈에 띄기 어려울 수밖에 없다.

작은 브랜드를 운영하는 입장에서 인스타그램을 효과적으로 활용하기 위해서는 팔로워들이 브랜드를 쉽게 인식하고 기억할 수 있도록 색상, 폰트, 톤 앤 매너 등을 통일하여 일괄된 이미지와 메시지를 지속적으로 유지하는 것이 중요하다.

온라인 마케팅의 활용 3
- 네이버 블로그, 체험단

    네이버 블로그와 블로그 체험단은 대한민국에서 가장 대중적인 온라인 마케팅 수단 중 하나이다. 개개인이 가지고 있는 블로그 계정을 통해 사람들이 일상생활의 이야기를 글과 사진, 영상 등으로 작성하고 공유하고 관련 정보를 검색한 사람들에게 보여주는 온라인 공간이다. 네이버에서 제공하는 개인의 일기장 내지는 개인 홈페이지라고 생각하면 이해가 쉽다. 블로그 체험단은 이러한 블로그를 활용한 마케팅 방법이다. 어떤 제품이나 서비스를 제공받거나 체험하고 이와 관련된 리뷰를 개인 블로그에 소개하는 형태로 진행된다.

맛있어도 문닫는 가게 맛없어도 줄서는 가게

네이버 블로그와 블로그 체험단의 특징, 장단점 그리고 효과적으로 활용하는 방법에 대해 알아보자. 네이버 블로그는 다양한 콘텐츠를 쉽게 작성하고 공유할 수 있는 플랫폼이다. 하지만 인스타그램에 비해 노동이 많이 들어간다. 많은 사람들이 찾는 블로그 계정은 자기만의 필체가 들어가 있는 글, 퀄리티가 높은 이미지나 사진, 동영상 등을 결합하여 포스팅된다.

블로그가 다소 시간이 걸리고 정성이 필요하지만 반대로 브랜드 스토리텔링에 매우 유리하다. 그리고 브랜드 신뢰도도 높아질 수 있다. 또한, 잘 짜여진 블로그 계정은 네이버 검색 엔진과의 연동으로 인해 블로그 포스팅이 검색 결과 상위에 노출될 가능성이 높아져, 사업주에게 이점을 제공한다. 예를 들어, 어떤 키워드를 타깃으로 한 포스팅을 작성하면(예 - 강남역 소개팅하기 좋은 파스타집) 네이버 사용자들이 해당 키워드를 검색할 때 자연스럽게 해당 포스팅을 접할 수 있게 된다.

이를 통해 자영업자는 자신의 제품이나 서비스를 더욱 많은 사람들에게 노출시킬 수 있다. 이렇듯이 다양한 블로그를 통해 정보를 얻게 되면 고객은 자연스럽게 브랜드의 네이버 스마트 플레이스에 접속하게 되며 매장에 방문하게 될 확률이 높아지게 된다. 이러한 이유로 마케팅 대행사들은 저마다 상위노출에 적합한 블로그 계정을 많이 보유하고 있다고 광고한다. 이들을 체험단 형식으로 사업주와 블로거들을 매칭시켜주며 체험단 모집을 해주고 있다. 근래에는 앱이나 사이트 등을 통해 사업주 개인이 직접 체험단을 모집하는 경우도 늘고 있다.

직접 운영하기 어렵고 체험단이 대신 광고를 해줘야 하지만 블로그는 상대적으로 비용면에서 효율성이 높다. 사업주는 큰 비용을 들이지 않고도 많은 사람들에게 제품이나 서비스를 알릴 수 있고 일시적인 플랫폼에 비해 신뢰성 또한 높다. 비록 체험단 리뷰가 광고라는 건 대다수의 이용자가 알고 있지만 리뷰가 실제 사용자가 경험을 하고 내용이 작성되기 때문에 잠재 고객들에게 더 큰 신뢰를 줄 수 있다.

아무리 블로그 체험단이 광고라고 하지만 각각의 블로그 계정은 개인의 소유이고 거짓된 정보나 무분별한 광고로 도배되어 있는 계정은 사람들에게 외면 받기 쉽다. 블로거들도 진실되고 솔직한 정보들을 블로거에 기재하기 때문이다. 이러한 특정들을 고려하여 네이버 블로그와 블로그 체험단을 효과적으로 활용하기 위해서는 몇 가지 전략이 필요하다.

가장 중요한 요소 중 하나가 바로 세부 키워드를 잘 설정하는 것이다. 사업주가 블로거에게 포스팅을 요청할 때 고객들이 검색할 만한 단어 즉, 특정 키워드를 제공하는데 잠재 고객들이 내 매장을 검색할 때 어떤 키워드를 검색해서 찾는지를 잘 분석하고 있어야 한다. 부산에서 순대국을 팔고 있다고 가정해보자. 내 매장 근처의 사람들은 어떤 키워드로 순대국집을 검색할까? 만약 '부산순대국'이라고 키워드를 설정하면 어떻게 될까? 수백개는 족히 되는 순대국집과의 경쟁에서 상위노출이 되는 것이 쉽지 않을 것이다.

그 경우 세부(하위) 키워드를 작성하는 것이다. '부산 해운대 순대국', '부산 해운대 맛있는 순대국', '해운대 국물진한 순대국', '부산해장순대국' 등 사람들이 검색할 만한 키워드를 끊임없이 연구하고 관련 키워드 중심으로 포스팅을 작성해야 한다. 내가 설정하고자 하는 키워드가 얼마만큼 사람들의 관심을 받고 있는지 확인하기 위해선 〈네이버 스마트블록〉, 〈블랙키위〉, 〈마피아넷〉같은 사이트에 접속하면 키워드별 검색량을 확인할 수 있으니 참고해보자.

키워드를 잘 설정했으면 블로그 체험단을 통한 정기적인 업데이트를 통해 방문자들의 관심을 유지해야 한다. 이는 방문자들뿐만 아니라 검색 엔진(네이버)에서의 노출도 높일 수 있다.

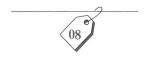

온라인 마케팅의 활용 4
- 유튜브

비용과 투자시간, 난이도 등의 이슈를 제외하면 현시점에서 자영업자에게 가장 효과적인 온라인 마케팅 도구를 꼽으라면 단연코 유튜브일 것이다. 전 세계 수억 명의 사용자가 매일 수십억 시간의 동영상을 시청하는 유튜브는 거대한 잠재 고객 풀을 제공한다. 브랜드의 이야기를 영상을 통해 시각적으로 전달하고, 제품과 서비스를 사람들에게 직접 보여줄 수 있다는 장점이 있다.

유튜브의 가장 큰 특징 중 하나는 영상 콘텐츠를 중심으로 한다는 점이다. 영상은 당연히 텍스트나 이미지보다 더 강력하고 직접적으로 메시지를 전달할 수 있다. 시각적, 청각적 요소를 모두 활용할 수 있기 때문에 시청자의 감정을 효과적으로 자극한다. 예를 들어, 제품 사용법을 설명하거나 고객 리뷰를 보여줄 때 영상 콘텐츠는 사진이나 텍스트보다 선명하고 정확한 전달력을 발휘한다. 또한 유튜브는 구독자 시스템을 통해 충성도 높은 시청자를 확보할 수 있다. 새로운 콘텐츠가 업로드될 때마다 구독자들은 알림을 받기 때문에 영상을 업로드하는 것만으로도 내 브랜드에 관심을 가진 사람들에게 지속적인 홍보를 할 수 있다.

유튜브의 특징은 몇 가지 더 있다. 우선 전문적인 장비 없이 스마트폰만으로도 충분히 영상을 제작할 수 있다. 물론 전문적인 느낌의 편집이나 각종 영상 효과를 처음부터 넣는 건 어려울 수 있지만 스마트폰과 스마트폰을 활용한 애플리케이션 한두 개만으로 충분히 영상을 업로드할 수 있다. 그리고 유튜브는 구글이라는 전 세계에서 가장 큰 검색 플랫폼에 속해있기 때문에 유튜브 영상이나 관련된 정보가 구글 검색 결과 상위에 노출될 가능성이 높다. 젊은 세대들이 갈수록 네이버를 활용한 검색을 줄여가고 있고 많은 사람들이 구글을 활용하는 빈도 또한 높아지는 추세이다. 유튜브에 영상을 업로드하여 마케팅에 활용하는 것만으로도 구글에 상위노출될 확률을 높일 수 있다.

마지막으로 유튜브 역시 다양한 광고 옵션을 제공한다. 인스타그램과 마찬가지로 유튜브 광고를 통해 특정 타깃 그룹을 대상으로 한 맞춤형 마케팅 캠페인을 실행할 수 있다. 또한 유튜브 채널을 가지고 있다면 유튜브 사용자들이 활용할 수 있는 채널 도구를 통해 시청자의 반응을 실시간으로 분석할 수 있다. 유튜브 영상을 올리고 난 후 영상에 관해 자세히 분석된 자료를 확인할 수 있다. 업로드한 영상을 시청하는 성별, 연령대의 비율, 주로 시청하는 요일과 시간대, 영상을 시청하는 총시간, 채널에 재방문하는 비율 등 세부적인 분석이 가능하다. 이를 통해 마케팅 전략을 조정하고 효과를 극대화할 수 있다.

단, 모든 플랫폼이 그렇듯 유튜브 마케팅도 단점이 존재한다. 우선 다른 플랫폼들에 비해 콘텐츠 제작의 부담이 있을 수밖에 없다. 한두번이야 스마트폰으로 영상을 제작해서 업로드할 수 있지만 하루에도 수백 개의 새로운 유튜브 채널이 생겨나는 상황에 고품질의 영상을 정기적으로 업데이트하는 것은 결코 쉬운 일이 아니다. 5분 이내의 짧은 영상도 평균 이상의 퀄리티로 편집을 하면 최소 5~6시간 정도는 소요되기 때문에 하루 10시간 이상 매장에서 근무하는 자영업자들에게는 큰 부담이 될 수 있다.

한 가지 단점이 더 있다면 초창기 구독자 확보와 조회 수 확보가 어렵고 이는 갈수록 더 어려워지고 있다는 것이다. 유튜브의 경쟁이 갈수록 치열해지기 때문에 처음 채널을 시작하고 난 후 일정 수준의 구독자를 확보하는 데 시간이 걸릴 수 있다. 초창기 영상을 찍으면 기획, 촬영 편집까지 짧게는 3~4일, 길게는 7일 이상 소요될 수 있다. 열심히 찍고 편집해서 업로드한 영상의 조회수가 기대치에 미치치 못하거나 구독자가 늘지 않으면 의욕을 상실하고 지속적으로 유지하지 못하는 경우가 많다.

유튜브도 다른 플랫폼과 마찬가지로 꾸준히 하는 것이 중요한데 가장 꾸준히 하기 어려운 매체가 바로 유튜브이다. 더욱이 악성 댓글과 부정적인 피드백의 위험도 있다. 유튜브의 특성상 신원을 밝히지 않고 누구나 댓글을 남길 수 있어 부정적인 피드백을 받을 수 있으며, 이는 브랜드 이미지에 악영향을 미칠 수 있다.

유튜브를 효과적으로 활용하기 위해서는 우선 영상 콘텐츠 계획을 세워야 한다. 정기적인 콘텐츠 업데이트를 위해서는 사전에 콘텐츠 계획을 세우고, 다양한 주제를 다뤄야 한다. 이때 대놓고 상품 소개나 홍보만 하는 것은 시청자들에게 피로감을 느끼게 하고 결국 채널의 관심도도 떨어질 수밖에 없다. 또한 유튜브의 대문이라고 할 수 있는 제목과 설명글 그리고 영상의 포스터 역할을 하는 썸네일을 신중하게 작성해야 한다.

유튜브 영상도 역시 초기 구독자와 팬을 다수 확보하기 전까지는 키워드로 검색을 하여 영상을 찾는 구조이다. 그렇기 때문에 관련 키워드를 포함한 제목과 설명을 작성하여 검색 결과 상위에 노출될 수 있도록 해야 한다. 특히 채널의 구독자가 아니라면 사진 한장으로 표현되는 썸네일을 보고 클릭하는 경우가 대다수이다. 그점을 고려하여 영상의 퀄리티 만큼이나 썸네일도 고객이 좋아할 만한 요소들을 연구해서 만들어야 한다.

영상을 업로드했다면 많든 적든 내 채널에 관심을 가져주는 시청자와 소통을 잘 해나가야 한다. 댓글에 답변을 달거나, 시청자들의 의견을 반영한 콘텐츠를 제작하여 시청자와의 관계를 강화할 수 있다. 온라인이든, 오프라인이든 사람들은 관심을 받고 싶어하고 인정받고 싶어한다. 내 채널에 방문하는 사람들에게 댓글을 달아주고 소통을 하고 채널 방문자의 요청에 가능한 선에서 피드백을 주고 응답을 해주면 채널의 팬이 될 확률이 높아진다. 특히 초창기 채널을 키우기 위해서는 더욱 신경써서 시청자와의 소통을 강화해야 한다.

더 깊은 소통을 위해서는 유튜브 라이브 스트리밍 기능을 활용할 수도 있다. 실시간 방송을 통해 시청자들과 직접 소통하고, 즉각적인 피드백을 받고 라이브 스트리밍을 통해 제품 출시 행사나 Q&A 세션을 진행하면 시청자들과의 긴밀한 관계를 구축할 수 있게 된다. 이는 브랜드에 대한 신뢰를 높이고, 고객 충성도를 강화하는 데 도움이 된다.

시청자와의 소통만큼이나 중요한 또 다른 요소는 다른 유튜버들과의 협업이다. 인기 유튜버나 관련 업계 전문가와의 협업을 통해 함께 컨텐츠를 제작하거나 각자의 채널에 초대하여 같이 영상을 찍거나 하는 등 다양한 협업을 통해 더 많은 시청자에게 영상이 도달할 수 있게 하는 것이 중요하다. 협업을 통해 새로운 시청자를 확보하고, 기존 시청자들에게는 신선한 콘텐츠를 제공할 수 있다. 예를 들어, 비용을 지불하더라도 제품 리뷰를 위해 인기 유튜버와 협업하면 그 유튜버의 구독자들에게 자연스럽게 제품을 노출할 수 있게 된다.

난이도가 가장 높고 자영업자 입장에서 지속적으로 유튜브를 운영하는 것이 까다롭다. 하지만 그럼에도 시도해볼 가치가 있는 가장 큰 요인 중 하나는 유튜브는 글로벌 플랫폼이라는 점이다. 가치가 있는 컨텐츠라면 전 세계 어디서나 접근이 가능하기 때문에 해외 시장에도 진출할 수 있는 기회를 갖기도 한다. 다양한 언어로 자막을 제공하거나, 다국어 채널을 운영하여 더 많은 시청자를 끌어들일 수도 있다. 예전과는 달리 사업에 경쟁력이 있다면 글로벌 브랜드로 성장할 수 있는 발판을 마련할 수 있는 것이 바로 유튜브라는 플랫폼이다.

PPL 간접광고
효과가 있을까?

온라인 마케팅의 활용으로 다양한 온라인 플랫폼을 소개했다. 하지만 사업을 하는 입장에서 현실은 온라인 마케팅을 직접 실행하기보다는 비용을 투자해서라도 마케팅을 대신 수행할 방법들을 찾는 경우들이 더 많다. 사업주가 대행업체에 의뢰를 하여 마케팅을 하는 방법은 많은 것들이 있다. 그중에 몇 해 전만해도 TV의 맛집 프로그램에서 주로 활용되었는데 지금은 유튜브의 발달로 자영업자들도 종종 활용하는 간접광고- PPL에 관한 이야기를 해보자. PPL은 우리말로는 '간접광고' 영어로는 Product placement advertisment, 직역하자면 상품배치광고이다. 영상 컨텐츠중에 광고를 하고 싶은 상품을 의도적으로 배치

맛있어도 문닫는 가게 맛없어도 줄서는 가게

하여 고객에게 상품을 자연스럽게 노출하여 마케팅을 하는 방법이다.

PPL이 처음부터 활성화되지는 않았다. 초창기 영화를 제작할 때 영화에 필요한 소품을 갖다 놓고 촬영을 했더니 영화에 나왔던 소품들이나 상품들이 의도치 않게 매출이 크게 상승했다. 그후 각 분야의 회사들이 영화제작에 지원을 하며 자사의 제품을 의도적으로 노출시키게 되었다. 영화에서 라면을 먹었더니 해당 브랜드의 라면 매출이 10배로 상승했다와 같은 이야기들을 많이 접했을 것이다. 국내에서 PPL이라는 간접광고가 2010년경부터라고 하니 그리 오래되지는 않았다. 해외에서는 훨씬 더 일찍 자리를 잡았다.

사례를 몇 가지 살펴보도록 하자.

우리에게도 잘 알려진 영화 ET(1982년)에서 주인공이 ET를 유인하기 위해 사용했던 초콜렛이 등장한다. 이 초콜렛은 허쉬초콜렛으로 영화개봉 후 개봉 전 대비 매출이 65% 상승되었다고 한다. 하나를 더 보자면 남자들의 로망인 파일럿 영화 탑건(1986년)이란 영화가 있다. 이 영화로 일약 세계적인 스타가 된 톰 크루즈와 함께 세계적인 패션 브랜드가 된 상품이 있다. 바로 톰크루즈가 쓰고 나온 레이벤$^{Ray-ban}$ 선글라스이다. 탑건 상영 전에 사업의 철수까지도 고민했던 레이벤 선글라스는 영화 상영 이후 전년대비 40% 이상의 매출상승을 올렸다. 그리고 2024년인 지금도 여전히 그 당시 톰 크루즈의 모습을 기억하며 레이벤 선글라스를 구매하는 사람들이 많이 있다.

국내에서도 한동안 PPL의 성공사례라고 소개된 브랜드들은 수도 없이 많다. 많은 업체들이 비싼 광고료를 지불하면서 PPL에 뛰어들었고 현재도 진행중이다. 이제는 자영업자들도 중소형 유튜브를 통해 PPL을 진행하는 경우들을 심심찮게 볼 수 있다. 분명 효과있는 광고 방법임에는 틀림없다. 하지만 하는 방법에 따라 효과가 클 수도 있고, 전혀 효과가 없을 수도 있다. 이유를 한번 보자

드라마를 보면 스토리 전개와 전혀 별개의 PPL 상품이 지나치게 반복적으로 노출되는 경우들을 볼 수 있다. 극 전개 중에 갑자기 특정 과자를 먹는다거나 주인공이 특정 화장품에 집착한다거나 너무 티나게 브랜드의 로고를 보여주기도 한다. 극 전개와 전혀 관계없는 PPL은 오히려 시청자들의 반감을 사게 된다. 드라마 주인공의 엄마가 운영하는 김밥집, 밥집, 분식집 등

은 프랜차이즈인 경우가 대부분이고 대게 스토리 전개와는 전혀 개연성이 없는 PPL에만 집중되는 경우가 많이 있다. 이런 경우는 브랜드 PPL 효과가 거의 없다고 해도 과언이 아니다. 이런 경우가 왜 일어나는 걸까? 대부분 PPL 광고를 대행사를 통해 하거나 광고업체에 맡겨두기 때문이다.

유튜브 채널의 경우도 영상 속 테이블에 음료같은 제품을 올려두거나 진행을 하다가 갑자기 대놓고 PPL 제품 설명을 하기도 한다. 사업주 입장에서 PPL은 하고 싶고 내 상품을 노출하고 싶은데 업체에 맡기기만 하니 광고 효과를 제대로 볼 수 없게 된다. 앞에서 언급한 온라인상의 상위노출만이 답이 아니라고 했던 이야기가 PPL에도 똑같이 적용이 된다. PPL은 대놓고 광고하되 자연스러움이 바탕이 되어야 한다.

현실적으로 불가능한 경우도 있지만 PPL을 진행할 때는 억지스러운 끼워넣기가 아닌 톰크루즈의 선그라스처럼, ET의 허쉬초콜렛처럼 이야기 전개에 중간중간 꼭 필요한 요소에 들어가야 한다. 그러기 위해서 PPL을 의뢰할 때는 우선 어떠한 채널이나 방송이 내가 파는 상품과 어울리는 지를 파악해야 한다. 예를 들어 유튜브 채널이 먹방을 하거나 술을 마시며 이야기를 하는 컨셉일 경우 어울리는 상품은 식품 특히나 안주류를 파는 식품들이다. 숙취해소제나 대리운전같은 상품도 가능하다. 노래를 부르거나 음악을 컨텐츠로 하는 채널은 이어폰이나 스퍼커같은 것들이 될 수 있다.

영상의 특성과 PPL하고자 하는 상품이 연관성이 있어야 하는 건 당연하다. 하지만 실제로 그렇지 않은 경우가 더 많기 때문에 시청자 수가 많은 것보다 내 상품과 어울리는 영상을 찾는 것이 우선이다. 추가로 가능하다면 내 상품을 영상에 어떤 식으로 노출할지, 꼭 노출되어야 하는 상품의 특징과 내용이 무엇인지를 업체에 전달하고 PPL을 진행하는 것이 좋다. 이걸 '소구 포인트(고객에게 구매 욕구를 불러일으키는 포인트)라고 하는데 소구 포인트를 잘 정해서 영상에 노출이 되도록 해야 한다. 간혹 무조건 많이 노출을 원하는 경우들도 있지만 노출만 많이 시킨다고 능사는 아니다. 요즘 사람들은 정말 좋은 제품이라도 대놓고 광고하는 건 귀신같이 알아차리고 관심도 갖지 않는다.

일례로 대기업이나 관공서 지자체같이 자금력과 인력이 풍부한 곳에서 운영하는 유튜브 채널의 경우 영상 퀄리티와는 별개로 조회수와 구독자가 기대 이하인 곳들이 많다. 아무리 영상이

맛있어도 문닫는 가게 맛없어도 줄서는 가게

좋아도 이처럼 대놓고 하는 광고는 오히려 거부감만 키울 뿐이다. PPL도 당연히 마찬가지이다.

　PPL이건, 광고건, 홍보건 알리는 것이 무엇이든 성공하기 위해선 중요하다. 그리고 그것을 매체를 통해 드러내야 하는 것이 본질임을 이해하고 마케팅을 해야 결과를 얻을 수 있다.

오프라인 마케팅의
종류

오프라인 마케팅은 말 그대로 온라인이 아닌 오프라인, 즉 물
리적인 공간에서 이루어지는 마케팅 활동을 의미한다. 요즘은
너도나도 SNS를 필두로 한 온라인 마케팅에 열을 올리고 있지
만 오프라인 마케팅은 여전히 중요한 역할을 하고 있다. 실제로
많이 시행되고 있는 오프라인 마케팅의 종류를 한 번 살펴보자.

전단지 및 브로셔

가장 기본적이고 오래된 오프라인 마케팅 중 하나이다. 전단지나 브로서는 특정 지역의 사람들에게 직접적으로 메시지를 전달할 수 있는 방법이다. 특히 내 매장 인근의 유동인구를 대상으로 할인이나 이벤트 홍보에 효과적인 방식이다. 하지만 대부분의 사람들이 전단지 받는 걸 꺼려 하거나 마지못해 받더라도 이내 구겨져 쓰레기가 되어 버리는 경우가 99% 이상이다. 예전에 비해 효용가치가 많이 떨어지기 때문에 전단지를 예전처럼 많이 사용하지 않는 추세이다. 그럼에도 할인쿠폰이나 이벤트 형식으로 잘 활용하면 의외로 효과를 보는 경우들도 종종 있다.

전단지를 직접적으로 제공하는 것이 어렵다면 주변 아파트나 상가에 전단지를 돌리는 방식도 있다. 더욱이 요즘은 전단지에 QR 코드를 넣어서 온라인으로도 연결되게 하여 정보를 제공하는 경우도 많다. 전단지에 새겨진 QR 코드에 스마트폰을 가져가면 온라인으로 다운 받을 수 있는 할인 쿠폰을 받는 방식이다. 이렇게 하면 오프라인과 온라인을 동시에 공략할 수 있다. 효과적인 전단지 활용방법에 대해서는 뒤에 다시 설명하도록 하겠다.

팝업스토어

팝업 스토어Pop-up store는 특정기간 동안만 운영되는 임시 매장을 뜻한다. 새로운 제품을 출시하거나 브랜드를 홍보할 때 자주 사용하는 방식이다. 팝업 스토어의 가장 큰 장점은 제한된 시간 동안만 운영되기 때문에 사람들의 관심을 끌기 쉽다는 것이다. 브랜드 이미지도 강화할 수 있는 좋은 기회가 될 수 있다. 몇 년 전만 해도 팝업스토어는 자금력이 있는 기업들 위주로 진행이 되었다. 최근에는 지역 소상공인들이나 자영업자들도 한정판 상품이나 프로모션 격으로 하루 이틀 정도 팝업스토어를 운영하는 경우들이 종종 있다. 아직은 홍대, 연남동, 이태원같이 젊은 이들이 많은 지역에서의 팝업스토어가 주를 이룬다. 친환경 제품 팝업스토어나 액세서리를 판매하는 곳과 카페의 팝업스토어, 유기농 빵을 홍보하기 위한 빵빵한데이 팝업스토어 등 다양한 팝업스토어의 시도가 이루어지고 있다.

이벤트 및 행사 참가

　지역에서 열리는 다양한 이벤트나 페스티벌에 참가하는 것도 좋은 오프라인 마케팅 전략이 될 수 있다. 돈을 주고 행사장에 부스를 설치하여 마케팅을 하는 것도 방법이고 상품을 협찬하는 것도 방법이 될 수 있다. 실제로 필자는 4년간 온라인 소고기 쇼핑몰을 운영했던 경험이 있다. 다들 똑같은 대상에게 똑같은 형식으로 판매하던 소고기의 판매처를 넓히고자 수소문하던 끝에 고양이들이 소고기생식을 한다는 정보를 얻어 '반려묘 박람회'에 참가했던 경험이 있다. 소고기를 다져서 50g씩 진공팩에 담아 소고기 쇼핑몰 로고와 명함을 넣어 박람회에 참가하는 고양이 집사님들(반려묘 키우시는 분들을 집사라고 한다)에게 무료로 배포했다. 그 결과 반려묘 관련 행사를 할 때마다 생식용 소고기를 500kg씩 발주를 했던 경험이 있다.

　이처럼 이벤트나 행사에는 많은 사람들이 모이기 때문에 자연스럽게 브랜드 노출이 쉽게 된다. 더욱이 이벤트 현장에서 바로 피드백을 받을 수 있어서 고객들의 반응을 직접 확인할 수 있는 장점도 있다. 그 외 전시회나 박람회 참가, TV나 라디오 광고 같이 효과적인 오프라인 마케팅 방법들도 있지만 마케팅 비용이 높아 따로 언급하지 않겠다. 내 상품을 팔고자 하는 주고객들이 있는 곳이 어디라도 또 그와 관련된 행사가 있다면 어떠한 형태라도 참가하는 것이 도움이 된다.

고객 DB 확보 및 포인트

멤버십이나 포인트 적립 등 고객들에게 직접적으로 제공할 수 있는 혜택은 오프라인에서 매우 효과적인 방법 중 하나이다. 전통적으로 명함 이벤트같은 형식으로 고객들의 명함을 받아 연락처를 수집하여 각종 프로모션이나 할인 이벤트, 신메뉴 출시 등의 정보를 문자 메시지로 발송했다. 하지만 개인정보법이 강화된 이후로 다양한 방법(스마트플레이스 찜하기, 리뷰 남기기, 카카오 채널추가나 설문지 응답, 시식이벤트, 할인 등)으로 고객들의 개인정보를 받아서 매출이 떨어지는 시간대나 시즌 중에 고객들에게 각종 혜택이 담긴 문자 메시지를 남겨 고객 방문을 유도할 수 있다. 요즘은 각종 앱이나 포인트 적립 태블릿 또는 POS 기계에 고객 DB를 받거나 포인트를 적립할 수 있는 기능들이 있다. 아쉽게도 포인트와 DB를 모으는 데만 집중하고 모아진 데이터를 통해 각종 마케팅을 활용하는 경우들은 많지 않다. 반대로 이야기 하

맛있어도 문닫는 가게 맛없어도 줄서는 가게

자면 모아진 고객들의 데이터를 활용하면 다양한 마케팅을 얼마든지 활용할 수 있게 된다는 뜻이다.

고객 DB를 수집하는 것과 활용하는 것의 중요성을 누구보다 이해하고 있고 DB를 활용하여 연매출 50억을 달성하고 있는 '스시도쿠'라는 초밥집의 예를 보자.

스시도쿠는 서울 왕십리 골목 지하에서 처음 시작하여 현재 4개의 브랜드를 운영중이고 전국에서 제일 잘되는 초밥집 중에 하나로 계속해서 사업을 확장하고 있다. 이곳의 대표가 전국을 돌며 자영업 관련 강의 또한 진행하는데 강의 중에 가장 강조하는 것이 고객 DB 수집과 활용에 관한 이야기이다. 실제로 스시도쿠 왕십리 본점의 고객 DB는 11만 개를 넘어 단일 매장으로써 전국에서 가장 많은 DB를 확보하고 있다. 확보하는 방법도 여러 가지이다. 꽝이 없는 뽑기 이벤트 등을 진행하여 카카오톡 채널 추가로 DB를 확보하기도 하고 다양한 서비스와 이벤트 등에 참여시키고 고객의 DB를 수집한다. 11만 개의 DB를 가지고 있는 것만으로도 대단한데 더 중요한 것은 이것을 활용하는 방법이다. 초밥의 특성상 매출이 저조할 수 있는 비오는 날, 추운 겨울날 등에 할인이나 서비스 외에 각종 이벤트를 만들어 11만

명에게 동시에 메시지를 보낸다. 그 중 1%만 매장을 방문해도 1,000명이 넘는 고객들이 매장을 방문하게 되는 것이다.

말 그대로 고객에게 서비스와 할인, 재미 등의 혜택을 제공하고 고객들의 개인정보를 구매하는 것이다. 대기업에서 하는 할인 혜택과 함께 개인정보제공 동의 방식을 스시도쿠에서 활용하고 있고 일반 개인사업자들도 그것들을 활용할 수 있다. 여기서 명심해야 할 것은 고객에게 언제든 연락할 수 있다고 그것을 아무 때나 광고를 뿌리듯이 메시지를 보내면 안된다는 사실이다. 고객에게 실제로 혜택을 주고 그 혜택을 안내한다는 생각으로 메시지를 발송하고 그 중 1%만 실제 고객으로 잡혀도 충분히 해볼만한 마케팅 방법이다.

이 밖에도 지역 커뮤니티 참여, 무료 경품 이벤트 등 오프라인 마케팅의 종류는 여러 가지가 있지만 현실적인 것들 위주로만 언급을 하였다.

오프라인 마케팅은 직접적으로 고객과 소통하고 경험을 제공할 수 있다는 점에서 여전히 중요한 마케팅 전략이지만 온라인 마케팅에 밀려 오히려 소홀해지는 경향이 있다. 이런 상황에 다양한 오프라인 마케팅 방법들을 적절히 활용하면 브랜드 인지도와 충성도를 높이는 데 큰 도움이 될 수 있을 것이다.

오프라인 마케팅의 활용
- 전단지와 포스터

수년 전 인덕원에 있는 지식산업센터 1층에 위치한 고깃집 프로젝트에 참여해 오픈했던 적이 있다. 좋은 품질의 고기로 매장을 운영하고 무엇보다 사업주의 서비스 마인드도 좋아서 시간이 지날수록 손님이 늘어날 것이라는 생각을 가지고 있는 매장이었다. 하지만 그곳의 가장 큰 단점은 대로변이 아닌 가시성이 떨어지는 건물의 블록 안 쪽에 매장이 위치했다는 점이었다. 건물이 워낙 커서 건물에 상주하는 고객들만으로도 운영이 되었지만 대로변에서는 그 곳에 고깃집이 있다는 사실을 알 수가 없는 것이 문제였다.

건물 외관에는 이미 다른 매장들의 간판이 다 자리를 차지하고 있었고, 풍선간판도 외부에 전기를 연결할 수 없어서 활용을 할 수 없었다. 맞은편 건물에도, 길 건너 아파트 단지에도 상주 인원이 꽤 많아서 조금만 소문나면 더 많은 고객들을 유치할 수 있었다. 하지만 입지의 한계 때문에 초기 홍보에 어려움이 많은 매장이었다. 심지어 이 매장 주위에는 점심, 저녁 시간만 되면 전단지 배포의 전쟁터라고 할 수 있을 만큼 전단지들을 많이 나누어 주었다. 그리고 바로 한블럭 뒤에서는 바닥에 구겨져서 뒹구는 전단지가 수도 없이 많았다.

이런 상황이라면 전단지를 활용하여 홍보를 하는 것이 불가능해 보일 수 있다. 하지만 다른 곳에서 하지 않는 방식으로 전단지를 배포하여 입지의 한계를 뛰어넘어 많은 초기 고객을 유입시켰던 경험이 있다. 이처럼 전단지를 적절히 활용하여 마케팅으로 성공한 사례는 얼마든지 찾을 수 있다. 실제 전단지를 활용하여 적절히 홍보를 하는 방법을 알아보자.

타깃에게 실용성이 높아야 한다.

쉽게 이야기 하자면 홍보를 받는 타깃 고객에게 전단지가 정보전달 이상의 가치가 있어야 한다는 뜻이다. 대부분의 사람들은 길에서 전단지를 나누어 주는 것이 달갑지 않다. 덥거나 추운 날씨에 전단지를 배포하는 사람들이 어르신들이거나 몸이 불편한 사람들이라면 마지못해 받는다. 그리고 전단지의 내용을 자세히 들여다 보지 않고 골목을 돌자마자 버리기 일쑤이다. 실제로 배포된 전단지가 손님으로 이어지는 경우는 1% 미만이라고 한다. 전단지 1,000장당 10명의 고객이 오면 성공이라는 이야기다. 물론 안 하는 것보단 나을 수는 있지만 전단지 제작, 인건비, 쓰레기 발생 등을 고려하면 효율성이 떨어질 수밖에 없다.

버려지는 것을 방지하고 전단지에 실용성을 높게 하기 위해, 전단지에 껌이나 사탕을 붙여준다던가, 추운날은 핫팩 등과 같이 주기도 한다. 드물지만 USB나 오픈기념용 화분 등을 전단지와 함께 배포하기도 한다. 하지만 이 또한 비용이 너무 많이 들고 전단지 자체의 실용성이 떨어지기 때문에 효과를 장담할 수 없다.

그렇다면 사람들이 전단지를 버리지 못하게 하기 위해선 무엇을 해야 할까? 답은 간단하다. 전단지 자체가 필요하도록 만들면 된다. 사람들이 전단지를 쉽게 버리는 이유는 전단지가 잠재 고객 중심이 아니고 내 중심으로 제작되었기 때문이다. 홍보를 위해 전단지를 만드는 일반적인 방식을 보자.

　　내 매장에서 판매하는 메뉴가 맛있고 저렴하다는 걸 어필하고 싶어서 전단지에 메뉴 사진과 가격, 메뉴 리스트를 넣는다. 전단지를 받은 고객이 매장에 찾아와야 하니 위치도 표기해야 하고, 매장 로고도, 전화번호도 넣어야 한다. 회식을 위한 룸이 있으니 그것도 알려야 하고 몇 년전 맛집 프로그램에도 소개된 적이 있으니 그것도 자랑삼아 넣어야 한다. 작은 종이 한장에 하고 싶은 말이 너무 많으면 내 매장에 관심이 없는 지나가는 사람들에게 전단지는 말 그대로 쓰레기에 불과하다.

　　백날 좋다고 얘기해봐야 지나가는 행인에게는 전혀 필요 없는 정보이다. 겨울에는 전단지에 핫팩을 같이 주면 핫팩만(실용성있는) 가지고 전단지는 버린다. 왜? 나한테 필요가 없으니까! 전단지 자체가 필요해야 한다.

그렇다면 전단지 자체가 필요한 경우의 대표적인 예가 무엇이 있을까? 바로 기저귀, 육아용품 회사들의 〈아기가 자고 있어요 현관 자석〉을 예로 들 수 있다. 언제 자고 언제 깰지 모르는 아기들을 키우고 있는 집은 초인종을 누르면 안 되고 노크를 하는 것이 기본 예의이다. 이를 인지하고 있는 육아용품 회사들은 전단지를 자석으로 만들어 배포한다. 그리고 작게 회사의 상호와 로고가 함께 적혀있다. 아이가 있는 가정을 타깃으로 하는 사업체에서는 큰 돈 들이지 않고 홍보를 할 수 있는 것이다. 아이를 키우는 잠재 고객은 〈아이가 자고있어요 현관 자석〉이 필요하니까 그걸 받은 고객들은 현관에 스티커를 붙일 것이다. 그리고 매번 우리집 현관에 붙어있는 육아용품 회사의 상호를 보다보면 육아용품이 필요하면 따로 알아볼 필요없이 자연스럽게 문앞에 보인 회사로 연락을 하게 되지 않을까?

이처럼 전단지가 정보를 제공하는 것이라고 해서 너무 많은 이야기를 해서는 안된다. 전단지의 목적이 고객으로 하여금 궁금증을 유발하게 하는 것이면 충분하다. 주主로 고객이 필요한 걸 충족시켜주고(아이가 자고 있어요 스티커) 부副로 그 안에 내가 전달하고자 하는 정보(유아용품 회사의 로고와 상호, 연락이 가능한 홈페이지나 사이트)를 제공하는 방식으로 전단지를 제작해야 한다.

맛있어도 문닫는 가게 맛없어도 줄서는 가게

또 다른 예로는 국내에도 상륙해 있는 스웨덴 가구브랜드 이케아가 호주에서 직원을 모집하기 위해 만든 구직광고 전단지이다. 구직광고 전단지라고 하지만 전단지의 앞면은 이케아 가구조립방법 설명서이다. 이케아를 방문한 고객들에게 나누어 주는 가구제작 방법 브로서 뒷면에 구직광고를 넣은 것이다. 가구제작을 하기 위해 꼭 필요한 설명서를 보는 사람 중 이케아에 취직하고 싶은 사람들을 위한 광고를 전단지에 넣은 것이다. 회사(이케아) 입장에서는 별도의 광고비용을 절약하고도 실제로 호주 이케아에서 200명이상의 직원을 채용한 성공한 전단지 사례이다. 결국 전단지가 필요한 사람들을 위해 전단지를 제작해서 억지로 받게 하는 것이 아닌 타깃 고객이 필요한 것이 무언인지를 파악하고 그것을 전단지라는 형식으로 제작해서 나누어 주는 것이 전단지가 쓰레기가 되는 것을 최소화할 수 있다.

이쯤에서 인덕원의 고깃집에서 제작해서 배포했던 전단지를 공개하자면 명함 사이즈의 전단지겸 쿠폰을 제작하여 가운데 구멍을 뚫어 500원짜리를 넣었다. 그리고 전단지를 코팅해서 배포를 했다. 적은 액수이지만 500원이 들어있는 전단지는 버리지 않을 것이라는 계산이 있었다. 그리고 그 전단지를 가지고 오면 서비스를 제공했다. 또 전단지를 쿠폰으로 활용하여 방문할 때마다 전단지 10장을 가지고 오면 소고기 2인분을 주는 이벤트를 진행하기도 했다. 한 번 만든 전단지가 다시 회수되고 재활용이 가능해져서 많지 않은 비용으로 효율적으로 활용했던 전단지의 예이다.

전단지를 효과적으로 활용하기 위한 두 번째 방법은 내 브랜드와 관계성이 높게 만들어야 한다이다.

1989년도에 대한민국에서 제일 유행했던 단어가 있다. 바로 '따봉'이다. 브라질 말로 '최고!' 라는 이 단어는 그 당시 오렌지주스 TV 광고를 통해 전국적으로 유행을 했었다. 2024년인 지금까지도 종종 사용되고 있는 단어인데 어떤 브랜드의 광고인지 기억하고 있는 사람은 생각보다 많지 않다. MZ 세대, 알파 세대로 불리우는 요즘 세대는 전혀 모르겠지만 예전 세대들은 오렌지 농장에서 브라질 농부들이 오렌지를 들고 따봉을 외치는 화면이 생각이 날 것이다. 다만 그게 델몬트인지, 선키스트인지, 아니면 돌^{Dole}인지를 기억하는 경우는 거의 없다.

광고로 고객에게 재미와 신선함이라는 실용성을 제공했지만 결국엔 내 브랜드와 관계를 맺는데는 실패를 한 케이스이다. 실제 당시에도 광고가 엄청난 성공을 했음에도 불구하고 오렌지

주스 자체의 매출상승에는 그다지 도움이 되지 못했다고 한다. 이런 광고와 홍보의 예는 무수히 많다. 아무리 이슈를 만들고 사람들의 입에 오르내리더라도 광고 자체가 브랜드와 관계가 이루어지지 않으면 매출 전환으로 이루어지지 않는다.

마케팅 전략으로 지하매장을 대박나게 만든 자영업자
- 화봉족발

서울시 강남구 테헤란로에 가면 강남에서 제일 유명한 족발집 중에 하나인 B 족발집이 있다. 땅값이 비싸기로 유명한 강남 한복판에 건물 두 동을 전부 족발집으로 영업하는 B 족발은 테헤란로 인근에서 생활하는 사람은 누구나 한번쯤은 가봤을 법한 유명한 맛집이다. 문제는 이 족발집 바로 맞은편 건물 그것도 계단을 한참 내려가는 지하에 매장을 임대하고 그곳에 족발집을 오픈하겠다고 클라이언트가 찾아왔다는 것이다.

배달전문 족발집을 운영중이고 오프라인 매장으로의 확장을 위해 무권리금 지하매장을 얻은 것이다. 하지만 외부와 1층 출입구 앞은 건물 내의 다른 매장들이 간판 위치를 점거하고 있어서 제대로 된 간판 하나 내걸 수 없는 상황이었다. 더욱이 바로 옆 건물에 지역 1등 동종 업계 맛집이 있다면 아무리 맛있고 가성비 좋게 만들어도 성공할 확률은 희박해질 수밖에 없다. 마장동 우시장 골목의 고깃집, 대구 곱창골목, 신당동 떡볶이 타운같은 맛집

거리를 가봐도 1등은 늘 존재한다. 그리고 그곳의 1등을 이기는 것은 거의 불가능에 가깝다. 심지어 보이지도 않는 지하에 위치해 있다면 더욱 그렇다. 그런 이유로 족발이라는 아이템만 유지한 채 전혀 다른 타깃층을 잡기로 했다.

아무리 잘되는 음식점이라고 해도 모든 것이 완벽한 곳은 없다. B 족발이 맛이 있고 단골들이 많이 있긴 하지만 그곳에서 가지지 못한 점을 찾아 새로운 것을 만들기로 했다. 우선 대한민국 거의 모든 족발집들이 그렇듯 왁자지껄하고 오래된 느낌의 족발집 이미지를 벗어내고자 했다. 깔끔하게 족발을 먹을 순 없을까? '족발 + 막국수' 공식은 변할 수 없는 공식인가? 데이트하고 싶은, 오랜시간 앉아있고 싶은 족발집을 만들 순 없을까?를 고민하고 기획을 했다.

테헤란로라면 직장인들이 많을 것이고 모임을 할 곳이 필요하다는 결론에 이르러 쾌적하고 모임하기 좋은 족발집으로 의견이 모아졌다. 쾌적하고 넓직한, 조용하고 깔끔한, 룸이 있는 단체모임이 가능한 족발집을 테마로 기획에 들어갔다. 하지만 쾌적하고 깔끔하다고만 해서 지역 1등 맛집을 제치고 옆 건물 지하를 선택할 확률은 높지 않다. 쾌적한 공간과 다른 곳에서는 먹을 수 없는 족발 상차림을 구성하기로 했다. 일반 족발하면 떠오르는 이미지와 압도적인 느낌을 주고 싶었다. 그래서 선택한 것이 9,900원짜리 랍스타 막국수와 어족쟁반 족발 한상차림이었다.

원가 13,000원 짜리 랍스타 막국수를 미끼 상품으로 9,900원에

판매하고 물릴 수 있는 족발과 같이 먹으면 좋을 것 같은 두부김

맛있어도 문닫는 가게 맛없어도 줄서는 가게

치, 상추 겉절이, 문어 그리고 프랑스식 당근라페도 같이 한접시에 담았다. 족발하면 흔히 떠올릴 수 있는 상추, 새우젓, 고추, 마늘, 쌈장에서 벗어나 족발이 나오기 전에 고추장 스팸찌개와 양파와 밀가루로만 반죽을 한 무안 양파전까지 족발집 선입견에서 벗어난 하지만 족발과 매우 잘 어울리는 상차림으로 구성을 했다. 메뉴와 인테리어 등 한 번 방문한 고객이 만족할 만한 요소들은 준비가 되었지만 초기 고객을 모집하기 위한 초기 마케팅이 문제였다. 강남 한복판에 맛집들이 즐비한 곳에서 찾아오게 하기 위해선 많은 것들이 필요했다. 회식하는 회사원들이 많은 상권이기 때문에 오픈 이벤트로 소주 무제한 이벤트를 실시했다. 강남 한복판에서 주차 3시간 무료 이벤트들로 이목을 끌 수 있는 오픈 라인 마케팅을 실시했다. 현관 문에 커다란 QR 코드를 만들어 스마트폰으로 접속하면 각종 쿠폰을 받을 수 있도록 했다. 네이버 플레이스와 블로그 체험단, 인스타그램 마케팅도 테헤란로에서 회식하기 좋은 족발집이라는 키워드로 매장과 메뉴의 시각적인 면을 최대한 어필하여 마케팅을 진행하였다.

입지의 부족한 부분을 시각적인 요소를 극대화하고 온, 오프라인 마케팅을 공격적으로 진행하여 장사의 전쟁터인 강남 한복판에서 좋은 성적을 내고 있는 케이스가 되었다.

브랜드와 고객 세분화로
성공한 자영업자
- 한유정

전통적으로 젊은 사람들의 유동인구가 많은 서울의 대표 먹자거리라고 하면 홍대, 강남, 종로, 명동. 이태원 등이었다. 지금은 이 지역들의 부동산 가격의 급격한 상승 등의 요인으로 인해 새로운 유흥가, 먹자거리들이 형성이 되고 있다. 그 중 대표적인 곳이 바로 잠실역과 올림픽 공원 사이의 반경 400m 위치한 방이동 먹자골목이다.

방이동 먹자골목의 끝자락, 정확히는 거리가 끝나고 한 블럭 지나 먹자골목이라 하기 어려운 곳에 화XX이라는 고깃집을 수년간 운영한 사장님과 브랜딩을 진행하게 되었다. 위치상으로도 먹자골목이라 하기 어려운 입지에 위치하고 있어 이를 만회하기 위해 좋은 고기와 정성스럽게 반찬을 만들어 운영했다. 매월 수백만 원의 마케팅 비용을 지불하여 손님을 유지하고는 있었지만 방이동 대표 맛집이라고 말하기엔 어려운 매장이라 새로운 브랜딩을 통해 방이동의 대표 고깃집으로 변화하게 되었다.

이 곳을 변화시키기 위해 첫 번째로 한 일이 바로 타깃 세분화를 위한 브랜드 진단이었다. 방이동의 대다수 고객은 20~30대 MZ 세대였고 그들을 잡기 위해 마케팅에 열을 올리고 있었다. 하지만 MZ들은 평범한 고깃집이 아닌 사진찍고 SNS에 공유할 만한 특징이 있는 곳을 찾아다니기 마련이고 아쉽지만 그런 곳은 아니었다. 더욱이 방이동 중심부에서도 한참 벗어나 있어 찾아오기가 쉽지 않았다. 실제로 대부분의 매출은 점심시간대에 인근 직장인들이나 인근 거주민들, 대형 교회에 오는 사람들이 주고객이었다.

타깃 세분화가 잘못 되었다고 판단하여 다시 브랜드 진단을 했다. 방이동 먹자골목 상권이라 하기보단 방이동 숙박촌이라고 불리우는 오피스텔 밀집지역의 고객들을 주고객으로 삼는 것이 타당하다고 결론을 내리고 브랜딩을 진행하였다.

결론은 가성비를 추구하는 MZ 세대들보다는 미들급 이상의 고급스러움과 특별함을 원하는 고객들을 위한 합리적인 한우 정육 식당으로 컨셉을 잡았다. 1+ 등급의 미경산(출산경험이 없는 소의 암컷) 한우를 주로 취급하여 1++ 등급과 1+ 등급 중간의 가격을 책정하고 50평이 되지 않는 매장의 한편에 정육 코너를 신설하였다. 일반적으로 알려져 있는 정육 코너가 아닌 유럽식 정육 코너를 만들어 고급스러움과 전문적인 이미지를 이국적으로 표현하였다. 매장 내에서 갈비대를 직접 손질하고 수제 햄과 베이컨을 직접 만들어서 매장 내부, 외부 모두에서 차별화를 선보이게 되었다. 그리하여 한우를 파는 유럽식 정육식당 - 한유정을 만들어 냈다.

1++ 와 견주어도 손색없는 품질의 소고기를 합리적인 가격에 색다르고 전문적인 퍼포먼스와 함께 제공하다보니 이전 고깃집 운영 시기보다 테이블 단가가 2배 이상 올라갔다. 고객들의 만족도도 높아지고 먹자골목의 주고객인 MZ들도 방문하게 되는 방이동 유일의 고깃집이 되었다.

맛있어도 문닫는 가게 맛없어도 줄서는 가게

3장. 자영업자 마케팅의 모든 것

4 장

장기적 브랜드
성장을 위한 계획

사업은 아이템 싸움이 아니다
(레드오션 전략)

'자영업(외식업) 단군이래 최대위기'

얼마 전 신문기사에서 읽었던 기사내용이다. 이런 기사는 거의 매년 접했고 여전히 경제위기가 최악이라고 발표를 한다. 이미 세계 대부분의 나라에서 부채와 경기침체로 인한 소비심리 위축, 인건비, 임대료, 식재료 등의 고정비 상승 등의 요인이 있어 경기침체는 피할 수 없는 상황이다. 특히 대한민국은 자영업자 비율이 20%를 넘어 OECD 국가 중 5위권에 속하는 등 모든 업종에서 예외 없이 경쟁이 치열하여 웬만큼 잘해서는 티도 안나는 상황이다. 이게 끝이 아니다. 코로나가 극심했던 기간(2019 ~ 2022년)에 받은 대출의 상환기간 도래 등으로 대한민국 자영업은 갈수록 어려운 기간을 보내고 있다.

직장인이라면 이런 시기일수록 허리띠를 졸라매고 버텨야 하는데 버티고자 하는 의지와는 상관없이 자영업 시장에 뛰어드는 경우도 비일비재하다. 경제가 어려워지니 회사들의 매출은 급감하고 매출이 떨어지다 보니 일자리는 줄어들고 재취업은 어렵고, 이미 일하고 있는 곳에서 잘리거나, 당장은 그렇지 않더라도 언제 잘릴 줄 모르는 상황이다. 그렇다 보니 울며겨자 먹기로 자영업 시장에 뛰어드는 경우들도 많다.

당장 일은 없고 수중의 자금은 계속해서 소비만 되고 있고 경제활동을 당장 시작해야 하는데 평생 직장생활만 하다 보니 할 수 있는 게 없다. 그래서 남들이 하지 않는 새로운 아이템이 무엇인지, 사람들의 이목을 집중시킬만한 블루오션 창업을 꿈꾼다. 기존 자영업자도 마찬가지이다. 치킨집을 운영 중인데 치킨집이 너무 많다. 카페도, 고깃집도, 이자카야도, 무엇을 하고 있던 경쟁업체가 너무 많다.

이 와중에 업종변경을 포함한 신규창업은 줄지 않고 있다. 코로나 때 잠시 주춤했지만 신규창업을 하는 인구는 계속해서 일정 비율을 유지한다. 그리고 그들 역시 포화상태의 자영업 시장에서 벗어나기 위해 계속해서 새로운 아이템을 찾는다. 트랜드가 무엇인지, 사람들의 이목을 끄는 아이템이 무엇인지를 끊임없이 찾는다. 그런 트랜드(처럼 보이는) 아이템이 매출을 보장해 줄 것이라고 믿고 시장이 포화라고 하니 남들이 하지 않는 블루오션 아이템을 찾아다닌다. 그 시장을 비집고 일시적으로 눈에 확 띄는, 자극적이고 마치 블루오션인 것처럼 보이는 아이템을 만들어 파는 사람들이 생겨나고 그것들이 자영업 시장을 뒤흔들고 있다. 한때 핫해 보였지만 얼마가지 못하고 이내 사라져버린 아이템들이 얼마나 많은지 일일이 기억하기도 힘들다.

벌꿀 아이스크림, 대왕 카스테라, 흑당 버블티, 액체질소 아이스크림, 각종 무한리필, 추러스, 가마솥 닭강정 등 셀 수 없다. 새로운 것처럼 보이는 아이템들이 이런 식으로 반짝하고 사라지는 이유는 단순하다. 어떠한 아이템이든 그것이 새로운 것이라고 여겨지는 순간 블루오션만 찾아다는 사람들에 의해 금세 카피되기 때문이다. 더욱이 대중적이지 않은 자극적인 요소들은 순간순간의 새로운 자극이 더해지지 않으면 이내 식상해진다.

맛있어도 문닫는 가게 맛없어도 줄서는 가게

아이템 변경이든, 신규 창업이든 자영업 시장에서 전문성이 뒷받침되지 않는 블루오션은 없다는 것을 명심해야 한다. 일시적으로 블루오션처럼 보이더라도 진입장벽이 높지 않아 금세 따라 할 수 있다면 그것은 블루오션이 아니다. 자영업은 인정하기 싫더라도 무엇을 하던 어쩔 수 없이 치열한 레드오션 시장이다.

그것을 받아들이고 시작해야 한다. 레드오션이란 말이 부정적으로 들릴 수 있지만 긍정적으로 이야기하면 대중적이라는 뜻이기도 하다. 사람들에게 익숙하고 자주 먹어도 질리지 않고 부담이 없으며 한동안 안 먹으면 생각난다는 뜻이기도 하다. 신박해 보이는 아이템으로 돈 버는 사람들은 최초 그 아이템을 만들고 사람들의 이목을 끌기 시작할 때 매각하는 경우뿐이다.

자영업은 레드오션임을 받아들이고 그 레드오션 속에 차별점을 찾는 것이 자영업자가 취해야 할 마음가짐이다. 천안에 가면 순대 전문점들이 즐비한 순대타운이 있다. 전국에서 사람들이 찾아오기도 하고 인근을 지나가는 사람들도 식사를 해결하기 위해 일부러 들리기도 하는 유명한 순대골목이다. 이곳에서도 월매출 1억 원을 넘게 파는 집도 있고 2,000만 원도 못파는 집도 있다. 누가 봐도 레드오션이다. 하지만 그곳에서 살아남는 사람들은 레드오션 중에서 차별화를 꾀한다. 모두들 똑같은 레시피로 순대국물을 끓일 때 혼자 전혀 다른 방식의 깍두기를 만드는 매장도 있고, 순대를 찍어 먹는 소스를 개발하는 사람도 있다. 또한 카페같은 깔끔한 인테리어에서 순대국을 파는 집도 있으며 손님이 지켜보는 테이블 앞에서 순대를 직접 썰어주는 퍼포먼스를 하는 매장도 있다.

이처럼 애써 남들이 하지 않는 아이템을 찾는 것보다 누구나 알고 있는 대중적인 상품을 어떻게 하면 차별화할 것인지를 고민하는 것이 자영업자가 살아남는 길이다.

맛있어도 문닫는 가게 맛없어도 줄서는 가게

무엇을 팔까?
vs 어떻게 팔까?

상담을 하다보면 열에 아홉의 비율로 받는 질문이

"새로운 아이템, 사람들의 이목을 끌만한 멋들어진 시그니처 메뉴 없을까요?"
"어떤 메뉴를 팔아야 장사가 될까요?"

등이 대부분이다. 대답은 간단하다. 그런 메뉴를 넣어도 바로 매출이 발생하진 않는다. 장사가 안되는 이유를 아이템 탓으로 알고 업종 변경을 지속적으로 하는 사람들도 많이 있다. 인스타그램같은 온라인상에서 사람들이 관심을 많이 갖는 메뉴라고 해서 매출을 보장하는 것은 아니다. 장사가 안되는 이유를 결론부터 이야기하자면 아이템이 식상한 것이 아니라 아이템을 파는 방식이 식상해서 매출이 발생하지 않는 것이다. 결국 무엇을 파는가가 핵심이 아니라 가진 것을 어떻게 팔까라고 고민하는 것에 해답이 있다.

"어느 식당에 갔더니 아이템이 좋아서 장사가 잘 되더라"
"해외 어디 시장조사차 나가봤는데 한국에는 없는 아이템이라 한국에 들어오면 무조건 대박난다"

사업을 시작할 때 이런 식의 아이템 선정은 기본이고 각종 인터넷 사이트에 창업 관련 검색을 하며 업자들이 올려놓은 포스팅에 혹해서 아이템을 선정하는 경우도 많다. 심하게는 내 눈에 좋아 보여서, 돈이 될 것 같아 보여서 아이템을 선정하는 경우들도 있다. 결국 객관적이지 않은 내 스스로의 판단에 좋아 보이는 아이템을 선정하는 것이다.

잠깐 다른 이야기를 해보자.
인터넷 검색창에 부산 먹거리를 검색하면 씨앗호떡, 빙수, 밀면, 냉채족발, 국밥 이런 메뉴들이 연관검색어로 나온다. 아마

맛있어도 문닫는 가게 맛없어도 줄서는 가게

예상했던 대로일 것이다. 그렇다면 부산에서 음식 장사를 계획한다면 위의 아이템들 중 하나로 선정하면 되겠지라는 생각이 일반적이다. 하지만 정작 부산 사람들이 좋아하는 먹거리를 조사한 통계에 따르면 '브런치, 레스토랑, 베이커리 카페'라고 한다. 이게 바로 내가 상상하고 생각하는 것과 실제로 관찰하는 것의 차이이다.

스스로 아무리 고민을 하고 연구를 해서 아이템을 선정하고 메뉴를 만들어도 결과는 엉뚱한 방향으로 흘러가는 것도 이러한 이유 때문이다. 상상력이 부족해서가 아니라 내 자신이 알고 있는 틀 안에서만 생각하기 때문에, 내 상식과 지식, 가치관에 따라 판단하기 때문에, 그것이 객관적이지 않고 주관적이기 때문에 정작 사람들이 원하는 것이 아닌 내가 원하는 것을 선정하게 된다. 이러한 이유로 사업을 하거나 아이템을 선정할 때는 개인의 판단이나 상상에 의지하지 말고 관찰해야 한다. 무엇을 파는 것이 사업의 성패를 가르는 것인가라는 고민을 하지만 정작 사람들이 무엇을 원하는 지를 관찰하는 것은 신경을 쓰지 않는다.

커피전문점의 예를 한 번 더 보자.
우리나라 오피스 상권의 커피전문점에서 판매되는 커피는 주로 아침, 오후 1시, 오후 4시에 가장 많이 팔린다고 한다. 아침의 커피는 카페인으로 출근 전에 몽롱함을 깨워주는 각성 효과를 일으킨다. 점심의 커피는 식사 후 직장 동료들과의 대화와 일에 지친 자신을 격려하는 위안 효과를 준다. 오후 4시의 커피는 상사 뒷담화를 하면서 회사의 불만을 공유하는 배설의 효과를 가져온다고 한다.

이때 오피스 상권의 커피전문점에서 신경써야 할 것은 무엇일까? 아침에는 웃는 얼굴로 빠르고 간편한 테이크아웃 시스템을 구비해야 한다. 점심 시간에는 테이블 사이의 간격, 빠르게 제공할 수 있는 커피와 다양한 음료 그리고 종업원의 옷차림이나 음악, 이런 것들이 중요하다. 하지만 현실은 어떤가?

커피전문점을 오픈하거나 운영한다고 하면 다들 한결같이 커피의 품질과 품종, 맛에만 신경을 쓰고 포커스를 맞춘다. 조금 과장해서 이야기하면 대부분의 직장인들은 커피맛에 별로 관심이 없다. 오피스 인근에 가면 즐비한 커피 체인점들의 커피맛을 구분할 수 있는 사람이 과연 몇이나 될까? 그곳들은 절대 커피가 맛있어서 장사가 잘되는 것이 아니다.

직장인들에게서 커피나 한 잔하자라는 말의 뜻은 "은은하고 맛있는 커피 한 잔하자"가 아닌 "이야기나 하자, 이야기만 하긴 뭐하니 쓴물 한잔하면서 이야기나 하자"인걸 이해해야 한다. 내가 파는 상품에만 시선을 집중하지 말고 사람들이 무엇을 원하는지를 관찰해야 한다. 아무리 핫하고 뛰어난 아이템이라고 해도 1년 버티면 오래 버티는 것이다. 아이템이나 상품에 목숨걸게 아니라 어떻게 파는지에 목숨을 걸어야 한다.

한 가지 예를 더 들어보자.

수입 맥주가 맥주 시장의 주를 이루는 원인에 대해 생각해 본 적이 있는가? 주류회사들은 자사의 마케팅, 수입 맥주의 저렴한 공급 등을 수입 맥주 시장의 성장 원인으로 꼽지만 그렇지 않다. 10년 전만 해도 맥주는 호프집에서 1000cc, 2000cc, 3000cc 등으로 판매되었고 회사원들끼리, 친구들끼리 맥주 빨리, 많이 마시고 밤새 술 마시는 일도 빈번했다. 하지만 요즘은 어떤가? 사회적으로 음주가 문제가 되기도 하고 예전 1, 2, 3차에서도 끝나지 않던 술문화가 1차에서 끝나거나 아예 술을 마시지 않는 회식도 많아지고 있다.

폭탄주를 돌리는 회식 문화가 줄고, 밤늦게까지 술을 말그대로 퍼 마시던 시대가 저물며 혼자서 가볍게 술을 먹는 분위기가 사회 전체적으로 퍼지게 되었다. 사회가 발전하고 개방이 되면서 해외여행도 많이 다니고 인터넷을 통해 이전과는 비교도 할 수 없는 정보와 경험을 하게 되었다.

시원하기만 하면 되었던 맥주는 맛이 중요하게 되었다. 맥주뿐만 아니라 와인, 위스키, 전통주로 주류를 소비하는 선택 폭 또한 넓어지다 보니 국산 맥주만으로 만족하지 못하고 다양함이 중요하게 된 것이다. 20여 년 전 필자가 대학생이었던 시절만 해도 수입산 버드와이저만 마셔도 '우와' 했었지만 지금은 사정이 다르다.

실상 맥주를 마시는 고객들은 변해가고 있고, 술을 판매하는 매장을 운영 중인 사람조차도 편의점에서 맥주를 사 마시면서 본인의 매장에서는 맥주가 안 나간다고 한탄하고 있다. 나라도 돈 주고 안 사먹는건 고객은 절대! 돈 주고 사먹지 않는다. 나라면 어떻게 하면 돈 주고 사먹을까를 생각해야 하는 것이다. 핵심은 무엇을 파는가가 아니라 어떻게 팔것인가이다.

세계맥주의 주류는 맥주회사의 마케팅이 성공한 게 아니라

맛있어도 문닫는 가게 맛없어도 줄서는 가게

시대의 흐름이 맥주회사에 기회를 준 것이다. 기업이나 산업, 자영업도 마찬가지로 상품이, 메뉴가, 제품 자체가 시장을 만드는 것은 매우 어려워졌다. 그보다 사람을, 사회를, 사람들의 라이프 스타일을 활용하여 상품을 무임승차시켜야 한다.

추가로 한 가지 명심해야 할 것이 있다.

아이템을 파는 방식을 바꾸라고 하면 가장 위험하지만 쉽게 택하는 방법 중 하나가 바로 가격인하 판매방식이다. 경쟁업체와의 동일한 상품을 월등히 싸게 판매하면 경쟁업체의 고객이 내 쪽으로 넘어올 것으로 생각한다. 소주를 5,000원에서 3,000원에 할인해서 팔고 삼겹살 1인분을 12,000원에서 10,000원으로 과감하게 가격을 내려 원가와 인건비만 산정한 금액으로 팔면 그걸 손님이 알아줄 것이라고 생각한다. 하지만 정작 소비자는 관심도 없을 뿐더러 심지어 가격을 내린지도 모르는 경우들이 수두룩하다. 돌아오는건 그나마 있었던 마진율만 더 깎아먹는 결과를 불러온다.

상품을 판매하는 방식의 변화는 절대 가격인하가 되어서는 안된다. 물론 가격할인 이벤트로 일시적으로 손님을 불러 모을 수는 있다. 하지만 가격할인을 경쟁력으로 내세우는 순간 다른 곳도 따라하게 되고 결국은 다같이 죽는 치킨게임으로 전락할 수밖에 없다. 한 번 할인으로 주목을 받은 매장은 할인된 금액이 정찰가가 된다. 사람들은 할인을 받는 걸 당연한 권리로 받아들이고 무엇인가를 추가로 주는 걸 혜택으로 여긴다는 것을 잘 활용해야한다. 이것을 가장 잘 활용하는 곳 중 하나가 바로 편의점이다. 편의점에 가면 매달 1+1, 2+1 행사를 하는 상품들이 있다. 이 상품들을 사는 것이 소비자에게 이득이라고 생각하여 같은 값이면 행사하는 상품을 구매하곤 한다. 하지만 그런 행사 상품이 정말 혜택일까? 그렇지 않다. 편의점의 거의 모든 할인 상품은 할인하기 전보다 가격을 올려서 할인을 진행한다.

1,000원 짜리 음료수가 2+1을 하면서 갑자기 한병에 1,500원으로 둔갑한다. 필자가 종종 사 마시는 보리음료도 행사하기 전에는 한병에 1,200원이었는데 1+1을 하면서 개당 가격이 2,000원이 되었다. 결국 행사라는 핑계로 가격을 올린 것이고 판매량을 올리기 위한 전략인 것이다. 사람들은 할인보다 추가로 주는 것을 혜택이라고 생각한다는 것을 영리하게 활용한 예이다. 명심하자! 티 나지 않는 가격할인보다는 파는 상품에 가치를 제공하는 것에 주목해야 한다.

사장의 똥고집이 사업을 망친다
(변화하는 방법)

개인적으로 상담이나 강의를 할 때나 유튜브 영상을 업로드할 때 이미 종영한 프로그램인 '백종원의 골목식당'의 예를 많이 드는 편이다. 골목식당이라는 프로그램이 자영업 사장님들에게 친숙하고 공감을 많이 받았기 때문이다. 이 프로그램을 보면 많은 사장님들이 '경력'과 '지역특색', '나만의 스타일' 등을 내세우며 변화를 꺼려하는 경우들을 많이 접하게 된다.

"음식점을 30년째 했는데"

"내가 이 지역 토박이인데"

"이 분야는 내가 전문가인데"

등을 이유로 나만의 방식을 고집하는 사장님들이 거의 매회 등장한다. 골목식당같은 프로그램에서 백종원대표와 TV라는 미디어를 통해서도 고집을 부리고 변하지 않는 경우가 있는데 비슷한 일을 하는 필자의 경우만 해도 변하지 않으려는 사장님들을 얼마나 많이 만나겠는가?

"내가 수년동안 이렇게 열심히 했는데 내 방식을 바꾸는건 안돼"같은 생각을 하며 변화를 꺼려하는 사장님들도 많고 심하게는 "손님이 먹을 줄 몰라서 그래"라며 자기의 고집을 꺾지않는 경우들도 있다. 변화하고 싶지만 방법을 모르는 경우는 차라리 다행이다.

필자도 2005년경에 부모님과 함께 처음 매장을 오픈하고 장사를 시작한 경험이 있다. 손님이 없을 때는 매장 밖으로 우리집만 손님이 없는지 이니면 다른 집들도 손님이 없는지를 둘러본다. 다른 곳도 전부 손님이 없으면 알 수 없는 안도를 하고 다른 집이 손님이 많으면 배 아파하며 할인이벤트도 하고 메뉴 벤치마킹하는 것이 전부였다. 그 당시에는 그러한 방법이 어느 정도 효과가 있기도 했지만 요즘은 다르다. 시장 시스템 자체가 변화하고 있다.

안타깝게도 20년 전 필자의 모습을 답습하고 있는 곳들이 너무 많다. 우리집이 장사가 안되는 이유가 옆집이나 같은 상권의 다른 집이 장사가 잘되기 때문으로 치부한다. 그렇지 않다. 치킨집이 매출이 떨어지는 이유는 다른 치킨집이 잘 되서가 아니라 배달의 민족과 쿠팡이츠 때문이고 CU와 GS25 때문이다. 극단적으로 업체 이름을 거론했지만 시스템이 바뀌었다는 상황을 설명하기 위해서이다.

과거에는 사람들이 치킨집에 맥주 한잔과 바삭한 치킨을 먹으러 갔다. 가족들과 친구들과 회사 동료들과 함께 말이다. 하지만 이제는 그럴 필요가 없다. 스마트폰만 있으면 원하는 브랜드의 어떤 치킨이라도 집에서, 사무실에서, 한강 다리 밑에서도 편하게 먹을 수 있다. 배달이 싫다면 편의점에 가면 된다. 한 마리가 부담스러우면 조각으로 사고 여러 종류의 안주와 함께 기다리지 않고 먹을 수 있다.

생맥주 한잔에 4~5,000원 하는 것도 10,000원이면 종류별로 4개를 살 수 있게 되었다. 저렴하고 많은 양의 치킨이 필요하다면 대형마트에 가서 9,900원에 대형 치킨 바스켓을 구매하면 해결이 된다. 더 비싸고 귀찮고 검증되지 않은 매장에 굳이 갈 이유가 없다.

치킨집만의 현상일까? 고깃집도, 카페도, 밥집도 마찬가지이다. 일반 음식점이나 반찬가게에 손님이 줄어든 것도 가정 간편식이나 인스턴트 식품이 성장하면서이다. 대형마트, 온라인쇼핑, 심지어 해외직구 등 유통채널이 다양화되어서이다.

종합하자면 외식업이 쇠퇴한 이유는 경기가 안 좋아서가 아니라 현재의 외식업 시스템이 구조적으로 경쟁에서 밀렸기 때문이다. 한 가지 예를 더 보자.

"요즘은 경기가 안 좋아서 사람들이 과거에 비해 술을 많이 안마셔"라는 이야기를 많이 들었을 것이다. 하지만 국세통계연보에 따르면 우리나라 주류 출고량은 지난 1966년 73만 7,000킬로리터(㎘)에서 2023년 2분기 기준 327만 4,000킬로리터(㎘)로 5배 가까이 늘었다. 술 소비가 준 것이 아니라 술을 소비하는 패턴이 바뀐 것이다. 이 밖에도 예전과 똑같이 열심히 사업을 하는데 환경의 변화로 사업이 쇠퇴하는 예시는 수도 없이 많다. 아무리 열심히 한다고 해도 시대의 변화를 인식하고 변화하지 않으면 살아남을 수 없는 상황이다.

맛있어도 문닫는 가게 맛없어도 줄서는 가게

팔만대장경에 '치우친 고집은 영원한 병이다'라는 말이 있다. 변화는 이제 선택이 아니라 생존을 위한 필수다. 그럼에도 변화하지 않겠다고 하면 더 이상 할 수 있는 방법이 없다. 장사가 안되고 매출이 떨어지는 이유는 수도 없이 많지만 그 중에 변화되지 않으려는 사장의 똥고집도 큰 부분을 차지한다. 변화하는 방법을 모르는 것은 다행이지만 변화하지 않으려고 하는 것은 큰 문제이다. 어쩔 수 없다. 그 누가 온다고 해도 사람의 고집은 바꿀 수 없다.

반대로 변화하기로 마음을 먹었다는 가정하에 어떻게 변화해야 하는지 알아보자. 우선 사업 내에서 확정하는 개념에 대해 이해해야 한다.

합정동에 꽤 유명한 쌀국수집이 있다. 장사가 잘되는 집이고 다 죽었다고 하는 합정동 상권에서 평일에도 길게 대기가 걸리는 몇 안되는 집 중 하나다. 이 집이 잘 되자 사업확장을 위해 바로 같은 건물 2층에 바베큐 전문점을 오픈했다. 매출이 늘어났을까? 얼마 전까지 바베큐 매장의 적자를 쌀국수집이 메우는 구조로 운영하다가 결국은 바비큐 전문점을 폐업하게 되었다.

장사를 하다보면 사업 확장의 기회가 오는 경우가 종종 있다.

혹은 장사가 잘 안되어서 외부에서 방법을 찾고 사업을 확장하는 경우도 있기 마련이다. 하지만 정작 해야 할 일은 내부에서 판매 방법을 변화하는 등 현재 사업 내에서 타깃을 확장하는 것이 위험을 최소화할 수 있는 방법이다. 쌀국수집이 잘 되었다면 다른 곳에 사업을 확장하기보다는 이미 검증된 쌀국수라는 아이템의 전체 파이를 키우는 방향으로 사업을 확장했다면 실패 확률을 줄일 수 있었을 것이다.

시선을 돌려서 과자 시장의 예를 한번 보자.

제과회사에서 나오는 과자는 경쟁이 매우 심한 분야이다. 전체 과자 소비량은 줄어들지만 반대로 거의 매달 시장에 새로운 과자가 쏟아져 나온다. 계속해서 새로운 과자를 출시한다고 전체 과자 시장의 소비 자체가 늘어나지는 않는다. 그러자 시장조사를 통해 제과회사에서 택한 판매 방법이 바로 '인간사료'라고 불리는 대용량 과자를 만들어 과자를 구매하는 소비자층을 확대한 것이다.

인간사료란 건빵과 같은 대용량 과자로 1kg에 5,000 ~ 8,000원 정도로 인터넷에서 판매되고 있으며 종류만 해도 10,000여 개가 된다. 전통적으로 과자를 구매하는 주고객층이 어린아이

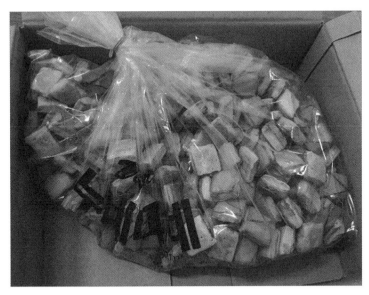

대용량으로 판매되는 과자

들이었다면 웃프게도 이 대용량 과자는 1인 가구 취준생의 끼니 대용으로 많이 판매가 되고 있다. 상품은 동일하다. 제품의 퀄리티도 동일하다. 다만 기존의 과자를 구매하는 타깃을 취준생 혹은 1인 가구로 좁혔다. 제품의 포장이나 생산공정 등 불필요한 과정을 최소화하고 과자의 양Quantity에만 집중하여 가격을 낮추고 취준생과 1인 가구 고객들의 니즈에 맞도록 특성화했다. 동일한 상품으로 새로운 판매라인을 만든 케이스이다.

4장. 장기적 브랜드 성장을 위한 계획

사업 내에서 확장의 예를 하나 더 보자.

정관장은 홍삼으로 대표되는 건강보조제품을 판매하는 회사이다. 드라마 PPL로 유명해진 짜먹는 홍삼 등 건강식품의 대중화를 위해 노력하지만 그럼에도 판매라인은 한정되어 있다. 하지만 정관장은 만족하지 않고 시장의 다양화를 위해 끊임없이 변화하기 시작했다. 다른 경쟁사들이 홍삼의 함유량을 높이거나 좋은 홍삼을 쓴다는 광고나 홍삼액을 추출하는 방법을 광고에 활용하며 제품을 홍보할 때 정관장은 시장을 한정하지 않고 다양한 방식으로 다른 고객들의 니즈를 찾기 시작했다. 그 결과 수많은 시장조사 끝에 만든 것이 6년근 홍삼이 함유된 반려견 홍삼이다. 이 제품은 60g에 20,000원부터 시작이다.

한편에서는 사람이 1kg 5,000원짜리 건빵으로 끼니를 때우고 한쪽에서는 강아지들을 위해 60g에 20,000원짜리 홍삼 농축액을 먹이는 상황이다. 소득의 양극화가 더욱 심화된 것 같아 마음 한구석이 쓰리긴 하지만 그럼에도 본연의 제품, 본연의 사업 내에서 사업을 확장한 아주 좋은 예임에는 틀림이 없다. 이처럼 사업을 확장하는 방법은 새로운 상품 출시만이 있는 것이 아니라 기존의 상품을 사업 내에서 확장하는 것도 있다.

사업을 변화하는 방법, 두 번째는 상품을 이리 굴리고 저리 굴려보는 것이다. 운영하고 있는 사업을 내부로부터 확장하기 위해서는 브랜드가 가진 본래의 목적과 분명한 특색에서 벗어나지 않는 범위에서 이것저것 해보며 확장을 해야 한다.

다른 맥주의 예를 보자. 맥주의 종류는 셀 수 없이 많다. 편의점만 가도 대체 어떤 맥주를 사야할지 막막할 정도이다. 외식업보다 더 포화상태로 보이는 이 맥주 시장에서 어떻게 차별화를 둬서 변화해야 할까? 밤 11시에 운동하고 물이 튀기는 곳에서 캬! 이맛이야 하는 TV 광고가 아닌 근본적인 차별화를 둬야 한다.

이제 전 세계의 웬만한 맥주 브랜드는 대중들에게 친숙하다. 하지만 브랜드 자체는 친숙하지만 차이점이 무엇인지 한 번에 설명할 수 있는 맥주 브랜드는 많지 않다. 대부분의 맥주 브랜드가 맥주를 발효하는 공법이 어쩌고, 가장 맛있는 온도가 어쩌고 같은 추상적인 차별화를 내세운다. 그 중에서 한눈에 차이점을 만들어 낸 맥주 브랜드가 유럽도 아닌 멕시코에 있다. 바로 코로나 맥주이다. 맥주를 즐겨 마시는 사람이라면 누구나 알고 있는 코로나 맥주의 이미지는 얇은 병에 반쯤만 꼽혀 있는 라임 한조각이다.

라임이나 오렌지는 실은 코로나뿐만 아니라 어떠한 맥주에도 어울린다. 하지만 코로나 맥주하면 라임을 떠올리고 라임하면 코로나 맥주를 떠올린다. 코로나 맥주의 원산지인 멕시코는 고산지대로 날씨가 매우 덥기 때문에 땀을 많이 흘리고, 이에 맥주뿐만 아니라 물에도 소금과 비타민 함량이 높은 레몬 또는 라임을 넣어 갈증을 해소한다고 한다. 이걸 시각적으로 연출하여 맥주병에 라임을 하나 꽂은 이미지를 마치 코로나 맥주만이 라임과 찰떡궁합인 듯 마케팅을 실시한 것이다. 어찌됐건 전 세계적으로 보편화된 라임과 코로나 맥주의 환상적인 궁합으로 포화된 맥주 시장에서 확실한 차별화를 가지게 되었다. 코로나 맥주는 현재 멕시코 맥주 수출량의 80%를 차지하는 어마어마한 맥주로 성장하게 되었다.

코로나 맥주가 처음부터 라임에 맥주를 하나의 세트로 엮어서 마케팅을 한 것은 아니었다. 다른 맥주와 차별화를 만들기 위해 처음에는 소금도 넣어보고 심지어 고추가루, 간장도 넣어보고 맥주를 테스트했다고 알려져 있다. 이리 굴리고 저리 굴리고 어떻게 상품화를 하고 어떻게 어필할지를 고민한 결과 '코로나 = 라임'이라는 이미지가 심어진 것이다. 그것이 그들의 정체성인 마냥 지속적으로 마케팅을 한 것이고 결국 코로나 맥주의 대표 이미지가 생겨난 것이다. 코로나 맥주의 사업주가 만약 예전의 성공 신화에 젖어 변화하는 것을 꺼려했다면 여전히 그저 그런 멕시코의 한 맥주 회사로 남아 있을 것이다. 결국 변화하고자 하는 확신을 가지고 직접 이것저것 해보는 것이 변화하는 시장에서 살아남는 방법이다.

변화하는 방법 중 제시하고 싶은 마지막 방법은 현재 파는 상품에 자신이 있다면 기존 상품의 중저가 시장을 노리는 것이다. 뷔페식 음식점인 쿠우쿠우나 다른 고급 뷔페식 음식점을 보면 평일 점심, 저녁, 주말 가격과 메뉴 구성을 다르게 한다. 또한 이미 비싸게 책정되어 있는 상품같은 경우는 대중화를 위한 중저가 브랜드를 출시하는 경우도 있다.

아이폰의 중저가인 아이폰SE, 의류 전문점 GUESS의 G by Guess같은 의류브랜드, 낙지전골, 낙지볶음 전문점에서 저가의 낙지덮밥 출시 등 본연의 색을 유지한 범위 내에서 다양한 방법으로 새로운 판매 범위를 늘리기 위해 노력하고 있다. 하지만 중저가 전략을 수행하기 위해선 무조건 현재 파는 상품의 고객 만족도가 높아야 한다. 이미 저가 브랜드라고 인식이 되어 있는 브랜드의 경우 프리미엄으로 사업 카테고리를 늘리는 건 불가능에 가깝다. 사람들에게 이미 중저가라고 인식이 되어 있기 때문이다. 하지만 프리미엄 시장에 진입해 있는 상품의 경우, 퀄리티는 많이 낮추지 않고 고급 이미지의 브랜드로 대중적인 이미지를 만드는 것은 상품의 대중화를 위해 좋은 전략이다. 단, 이미 판매하고 있는 프리미엄 브랜드의 이미지는 손상되지 않도록 철저히 다른 상품을 판매해야 한다.

결국 사업을 학장하고 끊임없이 성장하는 브랜드의 출발은 변화하려는 의지이다. 내가 그동안 노력해 왔던 것들이 시장에 뒤처져 있다면 무엇이든 내려놓고 변화할 결심을 해야 한다. 변화할 결심도 없이 장사가 안된다고 새로운 메뉴만 출시하고, 홍보하고, 옆 가게나 대기업만 따라하다가는 아무것도 되지 않는다. 어떠한 것이라도 받아들이고, 넓게 생각하고, 변화한다는 마음이 아니면 절대 변화시킬 수 없다. 꾸준히 공부하고, 변화하고 색을 유지하는 것이 변화된 자영업 환경에서 살아남는 길이다.

"살아남는 것은 가장 강한 종이나 가장 똑똑한 종들이 아니라, 변화에 가장 잘 적응하는 종들이다"라는 찰스 다윈의 말을 깊이 새겨야 하는 요즘 자영업 시장이다.

맛있어도 문닫는 가게 맛없어도 줄서는 가게

트랜드는
쥐약이다

김난도 교수가 2008년부터 매년 발표하는 트랜드코리아라는 책이 있다. 매년 새로운 해가 오기 전에 다음 해의 트랜드를 분석하고 각 트랜드를 키워드로 정리하여 가까운 미래의 경제상황을 분석한 책이다. 자영업자들을 대상으로 여러 가지 강의나 각종 세미나 등에서도 트랜드코리아에서 분석한 트랜드를 토대로 자영업자들이 반영해야 될 많은 방법들을 제시한다. 당연히 대부분의 사람들은 트랜드를 분석하는 것이 중요하다고 생각한다. 하지만 정말 그럴까?

트랜드를 이해하고 반영하는 것도 중요하지만, 그보다 더 중요한 건 자신의 브랜드 본질에 집중하는 것이다. '트랜드코리아' 시리즈에서도 트랜드를 읽고 분석하는 것의 중요성을 강조하지만, 그 속에서 변하지 않는 본질을 찾는 것이 더 중요하다고 늘 말하고 있다. 하지만 자영업자들은 종종 새로운 트랜드를 쫓느라 본질을 놓치는 경우가 많다. 트랜드와 유행을 같은 것이라고 착각하는데서 그 원인을 찾을 수 있다.

예를 들어, 어느 해에는 특정 음료가 유행하면 모두 그 음료를 팔기 시작하고, 다음 해에는 다른 음식이 유행하면 또 그걸 따라간다. 흑당 밀크티가 유행하면 너도나도 흑당 밀크티를 팔고, 마라탕이 유행하면 너도나도 마라맛 메뉴를 추가한다. 하지만 이런 식으로 트랜드를 쫓다 보면 오히려 고객들에게 피로감을 줄 수 있다.

고객들이 신뢰를 느끼는 브랜드는 일관된 경험을 제공하고, 브랜드의 정체성이 뚜렷하게 드러나는 브랜드이다. 더 중요한 것은 그런 일시적인 유행은 트랜드가 아니라는 것이다. 트랜드는 사회, 경제, 문화 등 다양한 분야에서 장기적으로 나타나는 변화의 흐름이다.

맛있어도 문닫는 가게 맛없어도 줄서는 가게

예를 들어보자. '현재 대한민국은 출산율 감소와 1인 가구 증가에 따라 개인의 프라이버시와 다양성을 중시하는 사회로 변화하고 있다. 그 현상으로 사람들은 전화보다는 문자나 카톡같은 비대면 소통 방식을 선호하고 있다. 또한, 그룹이나 단체 생활보다는 개인 활동을 더 선호하는 경향이 강해지고 이러한 성향은 앞으로 더욱 강화될 것으로 예상된다.'와 같이 시대 변화의 흐름이 바로 트랜드이다.

반면, 이에 따라 배달과 밀키트 시장의 성장이 예상되는 것은 사회적 변화에 따른 일시적인 유행이나 현상일 뿐인데 이를 트랜드로 착각하는 경우가 많이 있다.

트랜드를 파악하고 장기적인 시대의 흐름을 예측하는 것은 분명 중요하고 가치 있는 일이다. 하지만 유행을 트랜드라고 착각하여 다른 사람을 따라하는 것은 결국엔 시간낭비일 뿐이다.

유행에 대한 태도가 시간이 지나면서 어떻게 변하는지에 대한 '레이비의 법칙'이라는 유명한 법칙이 있어 소개한다.

· 유행 5년 전 - 추하고 뻔뻔하다.
· 유행 1년 전 - 과감하다.

- · 유행 당시 - 멋지다.
- · 유행 1년 뒤 - 촌스럽다.
- · 유행 10년 뒤 - 흉측하다.
- · 유행 70년 뒤 - 매력적이고 낭만적이다.

레이비의 법칙을 소개한 책 '히트메이커스'에서도 히트 상품과 서비스가 어떻게 만들어지는지 설명하고 있다. 성공한 히트 작들은 모두 유행이 아닌 본질에 충실했다고 이야기하고 있다. 유행은 일시적일 수 있지만 본질은 오래가는 법이기 때문이다. 더욱이 우리가 알고 있는 트랜드 혹은 유행은 정말 지금 유행이 아닌 경우가 많다. 메스컴에서 호황이라고 떠드는 사업은 호황의 피크일 확률이 높다. 만약 내가 큰 노력을 들이지 않고 유행임을 감지했다면 나 아닌 다른 사람들도 유행이라고 생각하는 것이 당연한거 아닐까?

예를 들어보자. 카페가 하나 있다. 이 카페의 본질은 '좋은 품질의 커피'와 '편안한 공간'이다. 그런데 어느 날 버블티가 유행한다고 해서 무작정 버블티를 메뉴에 추가한다. 일시적으로는 손님이 늘어날 수 있겠지만, 기존의 커피를 즐기던 고객들은 점점 실망할 수 있다. "이 집은 원래 커피가 맛있었는데, 이제는 버

맛있어도 문닫는 가게 맛없어도 줄서는 가게

블티에만 신경 쓰는구나"라고 느낄 수 있다는 것이다.

결국엔 본질이다. 예를 들어, '공유 경제'가 트랜드라면 자영업자도 이 트랜드를 반영할 수 있다. 하지만 단순히 공유 경제를 따라하기보다는 자신의 브랜드 본질에 맞게 적용하는 게 중요하다. 작은 책방을 운영하고 있다면 책을 공유하는 독서 모임을 열거나, 책을 대여해주는 서비스를 제공할 수 있다. 하지만 그 모든 서비스가 결국 책방이 지향하는 '책을 사랑하는 공간'이라는 본질과 맞아떨어져야 한다.

트랜드를 따라가다 보면 일시적인 인기를 얻을 수는 있겠지만, 그 인기는 금방 식을 수 있다. 반면, 본질에 충실한 사업은 꾸준히 성장하고, 충성도 높은 고객을 만들 수 있다. 사업 특히나 자영업은 단골을 얼마나 확보하느냐의 싸움이다. 관광지에서 성수기에만 장사할 게 아니라면 말이다.

자신의 본질을 찾고, 그것을 중심으로 사업을 운영해야 한다. 먼저, 어떤 가치를 추구하는지 명확히 해야 하고 가치를 고객에게 어떻게 전달할지 고민해야 한다. 건강한 식재료로 만든 음식을 제공하는 식당을 운영하고 있다면 아무리 패스트푸드가 유

행한다고 해도, 목에 칼이 들어와도 건강한 음식을 제공하는 본
질을 잃지 말아야 한다. 그래야만 일시적인 유행을 넘어 오래도
록 사랑받는 브랜드를 만들 수 있다.

돈 안들이고 사업확장하기
- 콜라보레이션

사업을 하다 보면 누구에게나 '정체기'라는 것이 찾아오기 마련이다. 그나마 브랜딩을 잘 해서 단골 손님들이 생기고 매출이 기대 이상으로 나오고 사람들이 찾아오는 매장이 된 후 정체기를 겪게 되면 그래도 다행이다. 장사도, 컨셉도 어중간한 상태에서 정체기가 오는 경우가 실은 절대 다수이다.

이럴 때 할 수 있는 방법이 바로 '콜라보레이션 - 협업'이다. 협업은 큰 회사에서만 진행한다고 생각할 수 있지만 꼭 그렇지는 않다. 쉽게 생각하면 내 매장에서 식사를 하고 영수증을 제시하면 옆집 카페의 커피가 10% 할인되는 방식도 콜라보레이션이다. 남들이 다 주는 혜택은 더 이상 혜택이 아니기 때문에 협업의 방향은 고객에게 다양한 혜택을 어떻게 줄 수 있을까의 관점으로 출발해야 한다.

협업 또는 제휴의 방식은 외식업의 예로 들자면 대형 프랜차이즈와 영화관 할인 제휴나 통신사의 할인 혜택, 포인트 적립같은 것들이 대부분이라 자영업자들은 겁을 먹기 일쑤이다. 하지만 외식업이 아닌 분야에서는 어떤 식으로 제휴를 하는지, 자금이 넉넉지 않은 개인 브랜드들은 어떻게 협업을 해야 하는지 한번 살펴 보기로 하자.

기존의 제품은 그대로 두고 선택의 다양화를 둔다

애플에서 나오는 '애플워치'라는 상품이 있다. 워치Watch라는 이름과 모양을 보면 영락없는 손목시계이다. 기능 또한 그렇다. 손목시계가 맞다. 하지만 손목시계에서 그치지 않는다. 일반 스마트폰의 기능은 물론 사람의 심박수 체크, 사용자의 넘어짐 인식, 날씨, 습도, 바이오리듬, 건강 상태 확인이 가능한 무늬만 시계인 만능기계가 바로 애플워치이다. 전세계적으로 많이 알려지기도 하고 판매도 많이 이루어졌다.

하지만 공교롭게도 더 다양한 기능을 탑재한 삼성의 갤럭시 워치가 등장하면서 애플워치 역시 정체기가 왔다. 그때 애플은 어떤 전략을 취했을까? 기능을 추가하고, 가격을 할인하고, 더 공격적인 마케팅을 실시 했을까? 다음 버전을 빠르게 출시 했을까? 애플은 제품에 손을 대지 않았다. 애플이 가지지 못한 이미지를 가지고 있는 다른 브랜드들과 협업을 했다. 바로 나이키와 에르메스 두 회사와 진행한 협업이다. 스포츠를 좋아하는 고객과 명품을 좋아하는 고객으로 나눠 애플워치 스포츠 버전, 명품 버전을 출시했다. 어떻게 이게 가능할까? 애플워치는 건드리지 않고 시계 줄을 나이키 줄과 에르메스 줄로 바꾼 것이다.

음식점은 어떨까? 감자탕을 판매하다가 경쟁업체가 생긴다. 매출이 떨어지고 새로 생긴 집으로 사람들이 몰려든다. 그때 취하는 전략은 대부분 뻔하다. 메뉴를 추가하거나, 가격을 내린다거나, 서비스를 준다거나 뼈를 산더미처럼 쌓아준다거나 등의 자체 업그레이드를 한다. 그것만으로 좋은 결과를 낼 수 있다면 해도 무관하지만 대한민국 외식업의 특성상 아무리 새로운걸 만들어도 금세 귀신같이 따라하기 마련이다. 그럴 때 고려해야

4장. 장기적 브랜드 성장을 위한 계획

하는 것이 바로 협업이다.

감자탕집에서 협업을 할 수 있는 것이 무엇이 있을까? 몇 해 전에 젊은 세대들이 많이 가는 클럽 골목 인근에 감자탕집을 오 픈할 일이 있었다. 클럽 인근에 있다 보니 광란의 밤을 보내고 새벽에 오는 젊은 고객들이 많이 있었다. 이러한 경우 감자탕집 과 클럽과의 협업을 통해 클럽에서 나오는 고객들에게 감자탕 과 소주를 할인해주는 이벤트를 한다. 그리고 반대로 감자탕집 에서는 점심 때 방문하는 직장인들과 학생들을 대상으로 클럽 방문시 주류 할인 이벤트들을 통해 클럽을 홍보하는 경우도 만 들게 되었다.

협업을 누구랑 어떻게 하는지에 대한 어려움이 있을 수 있으 나 협업의 목적을 이해하면 의외로 쉽게 풀릴 수 있다. 협업이란 내 사업장과 다른 분야의 평판과 신뢰도를 갖고 있는 브랜드의 장점을 내 브랜드에 활용하는 것이다. 음식점을 한다고 꼭 음식 점이랑 같이 할 필요가 없다. 내 브랜드가 가지지 못한 좋은 이 미지를 가지고 있는 곳이 있다면 그리고 그것이 고객에게 혜택 으로 전달될 수 있다면 그 어떤 곳도 상관이 없다. 꼭 업체가 아 니어도 좋다. 한 개인이 될 수도 있고, 서비스가 될 수도 있고 특정한 상품이 될 수도 있다.

실제로 동네 카페와 지역 아티스트, 작은 베이커리와 로컬농가, 핸드메이드 공방과 카페, 동네 서점과 독립출판사, 미용실과 뷰티 유튜버, 작은 꽃집과 결혼식 스튜디오 등 콜라보할 수 있는 방법은 무수히 많다. 돈이 없으니까, 내 브랜드가 크지 않으니까 할 수 없다고 생각하는 건 축구 경기에 나가서 축구화가 구멍났다고 뛰지 않는 것과 다를 바가 없다. 맨발로라도 끝까지 뛰고 헤딩하고 몸싸움을 해야한다.

당신은 장사꾼인가
사업가인가?

"당신은 장사꾼이 되고 싶은가요? 사업가가 되고 싶은가요?"
라고 질문을 한다면 아마 100% 사업가가 되고 싶다고 답변을
할 것이다. '장사꾼과 사업가' 이 둘의 차이는 과연 무엇일까?

국어사전을 보면 '장사'란 이익을 얻기 위해 물건을 사서 팖 또
는 그런 일이라고 정의되었는데 사전적인 의미가 꼭 정답은 아
니겠지만 장사꾼은 단순히 이익을 얻기 위해 무엇인가를 사서
가공해서 파는 사람을 뜻하는 말이다. 외식업으로 보자면 식재
료를 사서 요리를 하여 이익을 붙여 파는 사람이 장사꾼이라는
뜻이다. 그렇다면 대한민국 자영업자는 전부 장사꾼이 아닌가?

그럼 사전에 사업은 어떻게 정의되어 있는지도 보자.

맛있어도 문닫는 가게 맛없어도 줄서는 가게

사업은 '어떤 일을 일정한 목적과 계획을 가지고 짜임새 있게 지속적으로 경영함'이다.

똑같은 일을 하더라도 목적과 계획이 있다면 사업이 될 수 있다는 말이다. 기업이나 규모가 큰 프랜차이즈 회사의 홈페이지에 보면 '행복이 함께하는 가족의 종합외식공간', '대한민국 1%를 위한 다이닝 프로젝트'같은 회사의 경영이념이 있다. 그것이 급조한 것이든, 말뿐인 것이든, 실상은 돈 버는 것이 사업 목표의 전부이든 간에 마진붙여 음식을 파는 것 이상의 목적과 계획을 최소한 '생각은 하고 있고 그것을 표현하고 있다.'

매장 하나를 운영하더라도 계획이 있고 목표를 달성하기 위해 지속적으로 노력한다면 그것은 장사를 넘어서는 사업이다. 이것이 장사와 사업의 가장 기본적인 차이이다. 이처럼 장사를 넘어 사업의 개념을 갖는 것이 사업가로서의 첫 번째 걸음이다.

두 번째는 올바른 열정이 필요하다. 여기서 주목해야 하는 건 열정이 아니라 '올바른'이란 단어이다. 필자가 만나본 수많은 사람들은 전부 열정으로 가득했고 무엇이든지 할 수 있다는 믿음과 어떠한 어려움도 다 이겨낼 수 있을 것 같은 열정이 넘쳐났다. 하지만 야심차게 준비한 사업이 적자에 허덕이고 중요한 계약을 계약 직전 경쟁사에 빼앗기는 등 문제가 계속해서 나타난다. 나에게는 최고의 브랜드, 최고의 사업인데 누군가는 콧방귀도 안뀐다. 빚이 쌓이기도 하고 계속해서 이런저런 문제가 생긴다. 그리고 80% 이상은 초기 열정으로 가득했던 마음이 이내 식어버리고 포기하게 된다.

여기서 중요한 것이 올바른 열정이다. 사업을 하다보면 어려운 난관 투성이다. 당연한 것이다. 하지만 일이 안 풀리고 어려울 때 열정이 식어버린다면 그건 열정이 아니라 일시적 흥미에 지나지 않는다. 진짜 열정은 '인내'이다. 매장 매니저가 그만두면 나가서 손님받고 설거지하고 계산하는 것이 열정이다. 손님이 없다고 한숨 쉬며 TV 보는 것이 아니라 나가서 전단지 돌리고 마이크 켜고 노래라도 부르는 것이 진짜 열정이다. 뜨겁게 타오르는 이미지의 열정Passion이라는 단어의 어원은 실은 차갑고 고독한 이미지의 인내Patience와 같은 라틴어 'Pati'에 뿌리로 하고 있다는 걸 명심해야 한다.

"멋있는 일은 멋있는 곳에 있지 않다." 개인적으로 참 좋아하는 문장이다. 대게 처음 사업을 시작할 때 이미 성공한 사업가들을 보며 꿈을 키우기 마련이다.

"나도 꼭 저 사람처럼 100억대 부자가 될거야"
"스티브 잡스처럼 세상을 바꾸는 사람이 될거야"

꿈을 꾸는 것은 사업가의 바람직한 현상이다. 다만 대부분은 성공한 현재의 모습만을 보고 그들의 과거 모습에는 집중을 하지 않는다. 사람들을 만나고 계약을 하고 폼나게 사업하는 모습만 보곤 한다. 하지만 폼 잡으려고 사업을 하면 십중팔구 망하게 된다.

미국의 한 무명 밴드에 속해 있던 18세의 뮤지션 이야기를 참고해보자. 그 소년이 속해 있는 밴드에게 지역의 한 돼지 축제에 와서 공연을 해달라고 요청이 왔다. 멤버들 전부 콧방귀를 끼고 무시를 하고 응답조차 하지 않았지만 그 어린 뮤지션은 홀로 '돼지 축제'에 가서 기타치고 노래를 불렀다. 다른 뮤지션들이 자존심도 없냐며 핀잔을 주었지만 소년은 '돼지 축제'에 포커스를 맞추지 않고 내 음악을 할 수 있는 곳에 초점을 맞추었던 것이다. 환경이 아닌 본인이 하고자 하는 '음악'이라는 본질을 찾았고 마침 돼지 축제에 놀러왔던 음반 제작자의 눈에 띄어 정식으로 데뷔를 하게 된다.

미국의 최대 온라인 독립음악 스토어 CD 베이비의 창업자이자 강연자, 작가이자 음악가인 데릭 시버스의 이야기이다.

　때로는 '사업'이라는 이름에 갇혀 '폼나고 멋있는 일'만하려고 하는 경우가 있다. 하지만 초창기의 사업에는 아주 사소해 보이는 일에도 경청하여 사업에 도움이 되는 일은 물불가리면 안된다. 폼나고 멋있는 일은 '외부로 보이는 일'이다. 하지만 장수하는 브랜드의 멋있는 일은 바닥에 있는 경우가 많다. 보여지는 것에 빠져 정작 해야 할 일을 놓치지 않아야 한다.

컨텐츠로 성공한
자영업자

- 연탄김평선

선릉역 인근에서 연탄구이집을 기획하게 되었다. 현 사장님은 방
배동에서 이미 프랜차이즈 생고기 전문 고깃집을 운영중이었다.
월 4,000 ~ 5,000만 원 정도의 매출을 유지하고 있었지만 고객
테이블에서 일일이 전담 서버가 고기를 구워줘야 하는 등 인건비
와 재료비 등에 어려움을 느껴 조금 더 쉬운 형태의 고깃집 오픈
을 원하여 이루어지게 되었다.

임대를 한 매장은 선릉역의 커다란 오피스 건물들 사이 뒷골목에
위치한 곳이었다. 비록 골목이긴 하지만 짬짬이 골목에서 흡연을
하는 직장인들과 뒷길을 오가는 유동인구가 많았다. 오피스 빌딩
사이에서 이 많은 흡연자들이 원하는게 무엇일까를 고민하다가
퇴근하고 연탄구이에 한잔 할 수 있는 곳이 근방에는 없구나라는
걸 파악했다.

본래 연탄구이란 임대료가 저렴한 동네에서 깡통테이블에 앉아

연탄불에 고기를 구워먹는 구조이다 보니 임대료가 비싼 강남 한복판에서는 아무도 하지 않는 것이 당연했다. 월 600만 원의 임대료를 주고 누가 연탄구이를 하겠나. 하지만 그렇기 때문에 더욱 하고 싶어졌다. 사람들이 연탄구이를 원하는 건 결국 감성의 문제다. 연탄이든, 숯이든 구워진 고기의 맛을 완벽하게 구분할 수 있는 사람이 얼마나 있을까? 결국 직장인들이 연탄구이집에서 느낄 수 있는 감정과 감성만을 남기고 새롭게 만들기로 했다.

우선 외부 테라스를 제외하고는 깡통테이블이 아닌 넓직한 고급 테이블을 배치했다. 그리고 테이블에는 불판을 깔고 연탄을 넣지는 않았다. 대신 홀 어디서나 보이는 오픈주방에 연탄 초벌실을 큼직하게 설치했다. 주문이 들어오면 연탄에 고기를 80% 이상 초벌하여 테이블에서 마저 구워먹을 수 있도록 배치를 했다. 연탄의 감성은 느끼지만 연탄냄새나 가스 등에서 최대한 멀리 하도록 깔끔하게 먹는 연탄구이집을 표방했다. 고깃집 테이블마다 주렁주렁 내려와 있는 덕트도 설치를 할 필요가 없었다. 그동안 인건비의 부담으로 느꼈던 테이블당 그릴링 서비스를 없앴다.
기존에 운영중인 생고기 프랜차이즈 매장에서 취급하고 있었던 인기 생고기만을 가져와 메뉴로 적용했다. 연탄불과 어울리는 양념갈비, 매운불오징어 등을 메뉴에 추가로 넣고 간단한 된장찌개, 국수, 버터간장밥 등만 추가해서 깔끔하고 냄새가 배지 않는 연탄구이집을 만들었다.

골목에서 강렬하게 연탄구이집이라는 것을 어필하기 위해 빨간
색으로 일본 이자카야 느낌이 나게 외관을 꾸민 후 한글로 크게
간판을 세웠다. 외부 현관문 바로 앞에는 커다란 투명 아크릴을
따 놓고 그 안에 연탄 500장을 쌓아두어 이곳이 연탄구이집임을
어필했다.

홀내부에는 폴딩도어로 수용 인원 조절이 가능한 룸을 만들어 단
체손님에게 최적회된 공간을 제공하면서 운영중이다. 많은 경우
환경을 탓하며, 안되는 이유들을 들어가며 변화를 꺼려하는 경우
가 있다. 강남에 연탄구이집을 오픈한다고 했을 때 많은 사람들
로부터 "연탄구이집은 허름할 것이다", "노포감성이 나야하고 그
다지 깔끔하게 할 필요없다"라는 이야기를 들었다. 더 나아가 연
탄구이집은 주변에서 민원이 들어와서 운영하기 힘들다. 창고도
없는데 연탄은 어떻게 쌓아두냐 등 많은 조언들이 오갔다. 연탄
구이집만의 문제가 아니다. 카페는 이럴 것이다. 고깃집은 이럴
것이다. 치킨집은 이럴 것이다. 이래서 안될거야라고 선입견을
가지는 경우가 많다. 하지만 연탄김평선은 사람들이 원하는 감성
만을 뽑고 나머지는 변화했다. 현재 매일 만석에 대기손님들이
줄을 서는 매장으로 다시 태어났다.

유명한 성경구절 중 '네 시작은 미약했으나 네 나중은 심히 창대하리라' (욥기8장 7절) 라는 친숙한 구절이 있다. 이 구절을 볼 때면 사람들은 '나중은 창대하리라'에 집중을 한다. 하지만 이 이야기의 초점은 시작은 미약했으나이다. 작은 매장 하나를 오픈하든, 규모가 있는 사업을 하든 시작은 미약하다. 하지만 다들 현재의 창대한 기업들을 보고 따라한다. 상표권을 등록하고 소스를 OEM 공장에 의뢰하고, 유니폼을 맞추고, 인테리어를 화려하게 하고 대기업 제휴 마케팅을 하는 등 돈을 쓰고, 시간을 쓰고 매장 100개 있는 브랜드들을 따라한다.

다시한번 짚고 넘어가자. "시작은 아직 미약하다."

미약한 것에서 시작을 해야 한다. 하다가 잘못가면 다시 수정해서 가야할 경우가 많이 생기기 마련이다. 내 브랜드가 맛이 뛰어나다면 우선은 간판이 허름해도, 유니폼이 촌스러워도, 소스를 직접 만들어 배송하더라도 맛에 포커스를 맞추는 것이 맞다. 특별한 서비스 노하우가 있다면 그 서비스 노하우를 교육하는데 올인해야 한다.

하나하나 수정해 나가면서 키워나가야 하고 초창기에는 쓸데없는데 돈 쓰는 것을 최소화 해야 한다. 1,000만 원짜리 세척기, 200만 원짜리 SNS 마케팅, 1,000만 원짜리 화려한 LED 간판, 두 개뿐인 매장으로 가맹점 모집을 위한 프랜차이즈 박람회 참가 그러다 잘 안되면 수정할 여력도 자금도 남아있지 않게 된다.

마지막으로 수업을 듣는다고 다 공부를 잘하는 건 아니다란 말로 마무리하려고 한다. 모든 사업이 마찬가지겠지만 특히 외식사업을 하는 사람들이 가장 중요시 여기는 것 중 하나가 바로 '경험'이다. 당연히 외식업 운영과 주방에서, 홀에서, 영업에서 경험은 매우 중요한 요소인 것은 맞다. 하지만 간혹 '경험'이 모든 것이라고 착각하고 사업 공부를 하지 않는 경우들을 보게 된다. 외식업 종사자들은 타 업종에 비해 경력이 20년, 30년 되는 분들이 많다.

맛있어도 문닫는 가게 맛없어도 줄서는 가게

"이 바닥 20년째야" 주방장, 주방이모, 홀 직원 면접을 봐도 '10년, 15년 경력'이신 분들이 아주 많이 있다. 한분야에서 20~30년 하신 분들은 존경받아 마땅하다. 툭하면 새로운 일을 하는 사람은 못하는 끈기와 인내와 실력을 갖추신 장인이라고 믿는다.

하지만 사업가와 장인은 다소 거리가 있다. 사업은 '경험 + 유연한 사고'를 바탕으로 한 끊임없는 공부가 필수인데 오래된 경험에만 비추어 속단하는 경우를 많이 접하게 된다.

어떻게 하면 위대한 리더가 될 수 있냐고 어떤 경험많은 장교의 질문에 나폴레옹은 "우리부대에 전쟁을 60회나 치른 노새가 두마리 있다. 하지만 그들은 아직도 노새다. 경험을 바탕으로 끊임없이 공부해야 한다" 라고 대답했다는 일화는 많은 생각을 갖게 하는 대목이다.

매장을 운영하든, 브랜드를 만들어 프랜차이즈 사업을 하든 매일매일 공부하고 일해야 한다. 똑같이 12년을 공부해도 누구는 1등, 누구는 52등이 된다.

자영업을 하는 우리 모두는 고객에게 가치있는 상품을 팔아 경제적 이득을 취하는 방식으로 살아가고 있다. 이제 해야 할 일은 장사치로 남을지, 사업가가 될지를 결정하는 일만 남았다. 매일 같은 일에 지치고 힘들 수밖에 없는게 바로 자영업자의 숙명이지만 익숙함은 나태함을 낳고 나태함은 번아웃을 낳는다. 그리고 그게 지속되면 매일 챗바퀴 도는 다람쥐로 살아가게 된다. 이제부터 다시 시작이다. 이 책을 읽는 모든 분들이 장사꾼에서 사업가가 되어 지금보다 더 신명나게 일하기를 개인적으로 기도한다.

"세상은 내가 얼마나 치열하게 노력하고 살아가는지 눈곱만큼도 관심이 없다. 그러니 내 자신을 실망시키거나 속이지 마라"

– 데비밀번

맛있어도 문닫는 가게 맛없어도 줄서는 가게